Avenir des Peuples.

O toi, République sublime,
L'étoile salutaire des peuples,
Tes lois sont la dictée de l'Évangile ;
Elles doivent, un jour, régénérer l'Europe.

PROJET

d'Organisation sociale,

TENDANT A L'AMÉLIORATION

DES CLASSES LABORIEUSES ;

Suivi de quelques notions morales et historiques,

Par P. JOUTEUR,

Agent d'affaires, ex-commissaire de police, de 1848 à 1849, à Vienne (Isère).

Vienne,

Imprimerie et lithographie de TIMON frères, montée des Capucins, 3.

1849

AVERTISSEMENT.

En livrant à la publicité ce petit ouvrage, je dois prévenir les lecteurs que je n'ai point prétendu me poser comme écrivain.

Il est vrai, cependant, que cet avertissement doit être considéré comme inutile, attendu, et comme je le reconnais d'avance, que l'absence des principes dans le bon ordre des choses, le manqne d'éloquence et la faiblesse du style ne prouveront que trop l'insuffisance de moyens en cette matière.

Mais, néanmoins, j'ai cru devoir le faire, à seule fin d'échapper à des attaques satyriques et sans nombre, auxquelles sont exposés les gens qui écrivent leurs pensées publiquement.

En conséquence, partant de ce point de départ, qu'il soit donc bien entendu que je n'ai point eu la prétention de me poser en écrivain, mais bien seulement comme un simple citoyen, cherchant à exprimer ma pensée, et faire réfléter aux yeux de la société des idées que je crois de quelque utilité, et non vouloir donner des principes définitivement arrêtés.

Ainsi, à l'appui de toutes ces considérations, j'ose donc espérer de l'indulgence de mes lecteurs, et, par conséquent, me trouver à l'abri des attaques écrasantes qui, ordinairement, frappent les écrits publics.

Le seul but qui m'a inspiré d'écrire cette faible brochure, c'est le sentiment de patriotisme, d'humanité et de fraternité.

Guidé par la seule envie de fortifier la raison morale et politique des classes laborieuses, et d'inspirer aux hommes haut placés, si j'étais assez heureux pour atteindre ce but, quelques idées d'amélioration sur le sort de ce malheureux peuple, qui, malgré les progrès que le monde civilisé a faits jusqu'aujourd'hui, ressemble encore à un malheureux vieillard tombé dans l'ornière sous le poids de sa faiblesse, et auquel personne n'ose tendre une main secourable.

RÉPUBLIQUE FRANÇAISE.

LE PEUPLE EST SOUVERAIN!

SES PRINCIPES SOCIAUX SONT :

Liberté, Égalité, Fraternité.

CHAPITRE Ier.

Description classique et morale de la nation.

Le peuple, c'est la nation tout entière. Il n'y a plus de féodalité : les priviléges de noms sont éteints ; le droit de l'homme est consacré par la sainteté de nos constitutions, placées sous la sauvegarde du peuple et de l'armée.

Le peuple se divise en deux classes bien distinctes par leur position dans le monde.

La première de ces deux classes c'est la bourgeoisie ; elle est la moins nombreuse, mais elle est la plus puissante par ses ressources de fortune et d'intelligence.

Elle donne aux masses qui l'entourent la vie temporelle et intellectuelle. Elle est aussi, ou du moins elle doit être, dans son esprit de sagesse, suivant les lois de la nature, le vrai Mentor des classes ignorantes, attendu que la Providence a placé dans ses mains la puissance motrice de la nation.

Et, en effet, si nous interrogeons attentivement l'histoire, nous reconnaîtrons évidemment que, de tous les temps, la bourgeoisie fut la sœur et la protectrice des classes laborieuses contre la tyrannie des rois et de la noblesse.

Et, pour se convaincre de la vérité des faits, mes chers lecteurs, il vous suffira de tourner vos regards vers la nuit des événements passés, et l'histoire vous apprendra que chez les Romains et les Grecs, ces grands peuples de l'antiquité, ce fut toujours la bourgeoisie industrielle et les classes laborieuses, liées par un même intérêt, qui brisèrent le trône des tyrans.

En France, l'histoire des temps modernes vous dictera avec précision les passages pénibles et glorieux de nos révolutions, les résolutions énergiques avec lesquelles nos pères ont défendu leurs droits devant tous les pouvoirs constitués despotiquement, et en présence des baïonnettes étrangères.

Ainsi, par exemple, en 1830 et en 1848, c'est encore la bourgeoisie et les classes laborieuses, unies par une bonne intelligence, et solidaires d'un même intérêt, qui ont vaincu le plus ignoble et le dernier de nos rois.

En conséquence, en présence de tant de faits incontestables, soyons donc bien convaincus qu'une division haineuse entre la bourgeoisie et les classes laborieuses serait un malheur irréparable, qui compromettrait les intérêts sociaux des deux classes.

De ces documents il faut conclure que ces deux classes sont associées de droit et de fait par la nature, et ne peuvent rompre leur union sans compromettre la question sainte de leur salut.

La deuxième classe de la nation, c'est le peuple proprement dit.

Cette classe est la plus nombreuse; elle est composée d'industriels et de travailleurs de toute espèce.

C'est à cette classe que la nation doit, en réalité, tous les plus rudes services.

Comme industriels, elle crée et fait agir, et comme travailleurs, elle exécute tous les travaux d'art et d'agriculture.

Par conséquent, elle enrichit de ses beaux produits la bourgeoisie, en lui fournissant, par ses travaux, tous les produits nécessaires à l'existence, et nonobstant ceux qui servent à l'embellissement et les jouissances de la vie, auxquels cette pauvre classe se prête encore par d'humbles services.

Et comme soldats, elle sert, elle défend la patrie. En défendant la patrie, elle défend, par conséquent, la propriété de la bourgeoisie.

Or, c'est donc encore par ses nobles services qu'elle paye

généreusement à l'état la plus forte partie de l'impôt du sang.

Et pour tous ses nobles services, que demande-t-elle cette classe de travailleurs ?

Les honnêtes travailleurs ne demandent rien qu'une existence honnête.

Pauvre peuple ! ton sort est digne de considération ; ta demande est puissamment juste; la raison humaine l'admet , il n'y aurait que des barbares qui pourraient la repousser.

Mais non. — Dieu est tout-puissant : il a voulu changer l'ordre de la nature et remanier le destin des hommes; et , pour l'accomplissement de cet arrêt divin , il a répandu sur l'intelligence des hommes une rosée féconde de nouvelles idées pour l'amélioration du genre humain.

Et c'est ainsi que nous voyons sous le siècle où nous vivons des révolutions éclater sur tous les points de l'Europe , des trônes s'écrouler devant la force morale. C'est pourquoi nous voyons les peuples s'émouvoir, inspirés par l'esprit de liberté et de nationalité, si séduisant à l'imagination des hommes de cœur et des patriotes honnêtes.

Heureuse conséquence de la démocratie implantée en France par nos pères en 1789, et dont les fruits délicieux ont été transportés par zéphir chez tous les peuples de l'Europe.

De cette glorieuse conquête de la nation française il surgit la séduisante déesse de la Liberté , parée de tous ses charmes. Elle eût fait le tour du monde à cette mémorable époque, si elle n'eût été arrêtée dans sa marche triomphale par une grande ambition qui osa envier sa gloire et la força de s'exiler outre-mer.

Hélas ! bien longtemps la séduisante déesse , triste et langoureuse à l'île de Cythère, rêvait toujours à ses chères amours françaises ! Rappelée en Europe à une époque non loin de nos jours, par son fidèle messager Zéphir; montée sur le navire d'Apollon et guidée par le fier Neptune, fendant les vastes sillons de son empire, cherchant un port hospitalier, elle débarque enfin à Rome.

Oh ! bonheur inattendu ! notre aimable déesse, qui espérait à peine trouver sur cette terre rendue stérile par le temps, un modeste réduit pour s'y abriter, y fut accueillie très-favorablement par notre vertueux Pie IX.

Mais, par une circonstance inexprimable , le malheureux

destin se trouvait au palais du pape, traçant des plans d'a-
venir. Et là, notre auguste prince de l'Église, en présence
de la majestueuse déesse, ne peut résister à tant de charmes.

Observé par l'œil méchant du destin, il cède imprudemment
aux beautés de la déesse; entraîné par le char du progrès, il
tombe blessé sur sa route, et d'un œil attristé il voit la puissante déesse s'enfuir dans la nuit des événements.

Enfin, au 24 février 1848,

Le peuple français, attaqué physiquement et moralement
dans ses droits, jusques dans les bases fondamentales de la
Constitution, provoqué et poussé à bout par les traîtres de
toutes les époques;

Alors le peuple, outragé dans sa dignité, se leva en armes
comme un seul corps, et dans un jour, la plus belle capitale du monde n'offrait plus que l'aspect d'un vaste champ
de bataille.

Les partis sont en présence, et la lutte s'engage.

Hélas! quels seront les résultats de ce combat inégal?

Tous les cœurs frémissent d'horreur et en appellent Dieu
à témoin.

Le peuple allait périr!

Quant tout-à-coup le ciel se découvre, la lumière se fait
jour, et la déesse de la Liberté, protectrice des peuples, ap-
paraît dans toute sa splendeur, tenant la foudre en main.

Elle couvre le peuple de son égide puissante, frappe de
terreur tous les tyrans, et la plus ingrate des monarchies
s'écroule sous leurs yeux.

Jour à jamais mémorable, le peuple reste vainqueur!

Mais, comme de tous les temps, le peuple fut aussi généreux qu'intrépide, la victoire entre ses mains fut pour lui chose
inutile.

Il remit ce dépôt sacré entre les mains de ses représentants
sur la seule garantie de l'honneur.

La République fut proclamée au nom du peuple français.
Un gouvernement provisoire fut nommé par le peuple, et
ce gouvernement proclama : *Le Peuple est souverain; il a
bien mérité de la patrie.*

Son sort est digne de considération et ses représentants lui
doivent des soins paternels.

Et, en effet, le peuple n'avait pas seulement combattu
pour ses besoins moraux, mais bien aussi pour ses besoins
temporels.

C'est donc dans cette condition que le peuple céda le fruit de ses victoires au Gouvernement provisoire, et l'Assemblée Nationale en accepta les conséquences.

Et enfin, c'est ainsi que le gouvernement républicain s'est prononcé dans son esprit de sagesse, en garantissant aux citoyens, par ses décrets, le droit de tous et du travail à tous.

La constitution de 1848, votée par l'assemblée nationale, a solennellement sanctionné ce sentiment d'humanité, par le caractère et l'ensemble des art. 8 et 13 qui garantissent l'existence des citoyens nécessiteux et inoccupés : aux orphelins et aux vieillards.

Nous serions donc fondés à croire que de tels engagements pris à la face du peuple, et par le gouvernement du peuple, seront désormais une vérité devant l'assemblée nationale,

Et que le sentiment d'humanité, qui doit servir de base au gouvernement républicain, viendra sincèrement en aide aux classes laborieuses par tous les moyens légaux qui sont en son pouvoir, pour rémédier à ses moyens d'existence qui sont descendus à de si basses extrémités.

A cet effet, il est vrai que déjà de nombreux projets d'amélioration pour le sort des classes laborieuses avaient été mis en jeu, dès le début de la République, par des hommes animés d'un sentiment d'humanité, auxquels je m'empresse de rendre hommage.

Ainsi, par exemple, l'organisation du travail proposée par l'honorable citoyen Louis Blanc, et autres systèmes dont je ne saurais blâmer les principes moi-même, qui, tous, sont admirables en théorie, mais trop difficiles en pratique, du moins dans le temps où nous vivons, et qui, du reste, je dois le dire, dans ma conviction, ne sont pas admissibles, attendu que ces divers systèmes seraient de nature à paralyser le développement de l'industrie et rendraient même les hommes inactifs dans l'industrie manuelle.

Ainsi, trois grands principes forment le mobile de la société, sans lesquels il n'y a pas de prospérité possible. Nous devons tous les respecter; malheur à qui y touchera : l'intelligence, l'honneur et le gain.

Aussi, nous savons tous que les auteurs de ces divers systèmes, appelés au Luxembourg au sein d'une commission d'hommes éclairés, à l'effet d'en résumer le problème si avantageusement promis, mais la plume de l'auteur ne rencontra en cette circonstance qu'un antagonisme opposé aux systèmes proposés, qui, du reste, se sont enfouis dans le néant devant la concurrence étrangère, barrière insurmontable pour tous les systèmes d'organisation qui auront pour base une augmentation trop sensible dans les prix du travail manuel.

Attendu qu'il résulte de l'évidence des choses et de tous les calculs possibles que tous ces systèmes d'organisation pour le travail manuel ne peuvent être mis en pratique que dans le cas où l'Europe entière deviendrait république, ou bien, dans le cas contraire, que les diverses formes de gouvernement, n'importe lesquelles, accepteraient, dans l'intérêt de leur peuple, les mêmes bases, lesquelles pourraient bien être réglées par des tarifs établis pour toutes les grandes industries, autorisées et maintenues dans toutes les localités de France et dans toutes les nationalités de l'Europe. — (Ainsi que cela sera établi aux chapitres 2 et 6).

Mesures grandes et importantes, qui auraient pour effet de relever la rétribution du travail manuel par un nivellement proportionnel, et constituerait un juste équilibre pour toutes les industries et dans toute l'Europe.

Par ce fait, les classes laborieuses éprouveraient dans leur misère une amélioration sensible ; et les préjudices qui résulteraient de ce changement dans l'ordre des choses actuelles seraient réversibles sur toutes les classes de la société, ce qui serait presque insensible.

Mais enfin, abordons la question avec franchise : la nation française a reconnu l'amélioration des classes laborieuses indispensable. Elle a dit qu'elle voulait, dans sa justice, y contribuer par tous les moyens possibles. Elle l'a promis, elle doit donc avec loyauté accomplir sa promesse. C'est donc avec raison et justice que le peuple a des droits d'attendre de quelques intelligences du sein de l'assemblée nationale un système possible qui fasse le bien des uns sans nuire aux autres. C'est là où est la vraie solution d'un bon système, qui n'atteint les intérêts ni la liberté d'autrui.

C'est donc dans l'espoir de donner quelques idées à ce sujet que je me suis permis d'ébaucher ce projet d'organisation sociale, pour être soumis à l'expérience des hommes au cœur humain. Espérons que par leurs abondantes lumières ils pourront en retirer quelques conséquences dans l'intérêt général.

CHAPITRE II,

Concernant la création du nouveau conseil des prud'hom-
mes, et le projet d'établissement des tarifs, pour toutes
les grandes industries, entre l'ouvrier et le patron.

OBSERVATION.

L'assemblée nationale a bien créé un nouveau conseil de
prud'hommes, il est vrai (28 mai 1848).

Ce nouveau conseil des prud'hommes, composé de 24
articles, donne d'importantes modifications à la constitution
actuelle de cette juridiction, en ce qui concerne la fusion que
l'on a faite des patrons et des ouvriers appelés à faire partie
de cette juridiction d'une manière aussi légale.

Mais il ne suffit pas que l'on ait bien composé un conseil de
prud'hommes pour régler et trancher de mesquines contestations particulières qui peuvent surgir entre le patron et
l'ouvrier; il aurait été plus prévoyant de la part des législateurs, et plus heureux pour les classes ouvrières et l'industrie, si l'assemblée nationale avait, dans son esprit de sagesse, créé en première ligne de ladite loi un article de
plus, qui aurait prévenu tous les différends qui peuvent toujours surgir entre les deux parties intéressées.

En donnant pour mission auxdits conseils des prud'hommes de régler par des tarifs tous les ouvrages manuels des
grandes industries, qui peuvent facilement être réglées sur
des bases claires et solides, en raison de la variation des
chances du commerce et des nécessités du temps.

Nous savons fort bien qu'il a été souvent dit par beaucoup
de personnes que les tarifs ne pouvaient avoir lieu entre l'ouvrier et le patron, parce que, disait-on, les tarifs seraient
une entrave à la liberté de l'industrie. Cela est une erreur
matérielle que nous démontrerons dans les chapitres suivants.

Or, on comprendra facilement que la nouvelle juridiction
des conseils des prud'hommes peut amener quelques satisfac-
tions morales, mais elle ne peut donner aucune amélioration
dans les besoins si cuisants des classes ouvrières.

En conséquence, c'est donc pour remédier à ce vice que je
me suis permis d'exposer à l'expérience industrielle et légis-
lative une idée des principes sur lesquels pourrait être basée
la question des tarifs entre l'ouvrier et le patron.

Question aussi importante que nécessaire pour assurer la prospérité industrielle et la sécurité de toutes les classes.

Or, pour atteindre rapidement le but que je me suis proposé, je passerai sous silence les nombreuses explications qui se rattacheraient à cet article de tarifs, laissant à l'expérience des lecteurs le soin de bien apprécier les justes conséquences de la question dont il s'agit, en me bornant à ébaucher les principes essentiels sur lesquels doit être basée la question des tarifs, me réservant de faire connaître, dans un autre chapitre qui sera indiqué plus loin, les conséquences importantes qui se rattachent à la question des tarifs.

Composition des tarifs entre ouvriers et patrons.

— Qu'entendez-vous par votre tarif industriel ?

— J'entends une convention entre ceux qui font travailler et ceux qui travaillent, qui règlerait en général tous les articles qui peuvent être fabriqués dans telle ou telle industrie.

Cette convention, consentie entre les parties intéressées, pour un temps voulu, nul n'aurait le droit d'en déroger, sans encourir les peines prononcées par la loi, ou celles stipulées dans la convention.

— Par qui pourrait-il être fait et maintenu, le tarif dont vous nous parlez ?

— Par un comité d'hommes délégués à cet effet.

— Comment devrait-on désigner ces hommes ?

— Par les principes et le droit des élections.

— Sur quelles bases reposerait cette jurisprudence ?

— Sur l'autorité administrative et judiciaire qui en serait son élément.

— Quelle dénomination et quel titre donneriez-vous à cette jurisprudence ?

— Celle qui suit :

CONSEIL DES PRUD'HOMMES, ARBITRES DE L'INDUSTRIE ET DES ARTS.

— Pourquoi donnez-vous à cette jurisprudence une double dénomination ?

— Parce qu'elle aurait une double autorité et qu'elle fonctionnerait en deux circonstances : d'abord comme prud'hommes dans les questions simples, et comme arbitres de l'industrie dans la question de la composition des tarifs.

— Indiquez-nous par quels principes vous prétendez établir ce conseil des prud'hommes.

— Les voici :

1° Le comité des conseils des prud'hommes serait créé par la voie des élections entre ouvriers et patrons de toutes les industries, mais séparément, c'est-à-dire que les ouvriers nommeraient leurs délégués, et les patrons nommeraient les leurs. Le nombre des délégués ouvriers et patrons serait égal, ainsi qu'il est dit dans la loi du 28 mai 1848. Les délégués devront être des hommes lettrés et consciencieux. La durée de leur session serait fixée de trois à cinq ans.

2ª Des élections il résulterait un nombre suffisant de délégués pour être répartis de la manière suivante, c'est-à-dire que chacune des grandes branches d'industrie exercées dans la localité formerait son conseil particulier qui serait composé de six délégués, dont trois patrons et trois ouvriers. Et sur les mêmes bases, tous les corps de métiers d'arts réunis ensemble formeraient un seul conseil.

Or, tous ces conseils spéciaux établis sur de telles bases, seraient appelés, dans un ordre déterminé, à fonctionner d'une manière légale et avec connaissance de cause.

D'abord, comme jurisconsultes, dans les contestations particulières, et comme arbitres dans la question importante des tarifs.

— Comment procéderait-on pour la formation des tarifs ?

— Le conseil des prud'hommes étant formé par la voie des élections, et décomposé séparément pour chaque branche d'industrie, ainsi que nous l'avons indiqué ci-dessus, alors, à une époque déterminée par l'une des parties intéressées, appuyée sur la loi qui pourrait être organisée à cet effet, et là, le conseil de telle ou telle industrie, composé de ses six délégués chargés de représenter les intérêts de part et d'autre, se réunirait en audience publique, sous la présidence du maire et de deux juges de paix de la commune, lesquels seraient délégués par la loi relative aux conseils des prud'hommes, et seraient revêtus des pouvoirs nécessaires pour traiter en dernier ressort la fixation des tarifs.

Toutefois, après avoir pris entière connaissance du résultat des débats entre patrons et ouvriers, le tout combiné suivant leur âme et conscience, en raison des exigences du temps et les chances présentes et à venir du commerce; de telle sorte que ces trois magistrats étant détachés de tout intérêt commercial, ne pourraient que rendre un jugement très-sain en cette matière.

— De quelle durée de temps pourrait être la fixation du tarif?

— Pas plus d'un an pour toutes les branches d'industrie commerciales.

— Mais alors, en ce cas, cela donnerait beaucoup à faire, toutes les années, pour remanier tous ces documents?

— Je vous demande pardon. Remarquez bien qu'une fois les tarifs établis, qui, du reste, le sont déjà dans chaque branche d'industrie par l'usage, cela ne serait plus qu'une audience de quelques heures, toutes les années, à seule fin d'examiner s'il y a lieu d'augmentation ou de diminution dans telle ou telle branche d'industrie, suivant les avantages que présenterait la situation du commerce.

— Comment règlerait-on les travaux d'art?

— Tous les travaux manuels des arts s'exécutent à la journée ou bien à tant la pièce; d'autres sont fixés au poids ou à la mesure, et en général les prix de ces articles sont discutés, avant leur exécution, entre le patron et l'ouvrier.

Mais, néanmoins, tous ces articles de travaux d'art sont à peu près fixés par l'usage du métier, en raison des difficultés d'exécution et des localités, de telle sorte qu'il ne s'agirait plus que de leur donner une base règlementaire et fixe, suivant l'usage de la localité.

Quant aux travaux d'art exécutés par des ouvriers rétribués à tant la journée, il peut y avoir trois catégories de prix, attendu qu'il y a trois qualités d'ouvriers faisant le même genre d'ouvrage.

L'ouvrier supérieur, le moyen et l'inférieur.

Or, par cette seule raison, il y aurait trois catégories de rétribution pour les ouvriers à la journée, comme cela existe déjà dans beaucoup de localités.

Observant cependant que le prix des journées de toutes les catégories d'ouvriers est fixé à deux degrés, c'est-à-dire un prix de..... pour les grandes journées, et un autre inférieur pour les petites, et cela est fixé pour six mois, comptés de la St-Marc à la St-Michel.

— Dites-nous: dans le travail manuel de l'industrie commerciale, ne pourrait-on pas faire une différence de prix pour le travail bien fait ou mal fait?

— Non, parce que les articles sont fixés sur un prix de..... au poids ou à la mesure, et cela passe l'un dans l'autre, sinon

que le mauvais ouvrier a moins de chance d'être occupé que
le bon ouvrier.

Par conséquent vous voyez, mon cher monsieur, qu'il n'y
a rien d'impossible et rien de difficile pour établir des tarifs
entre les ouvriers et les patrons ; qu'il ne peut y avoir d'obstacle que l'absence de la volonté de l'autorité supérieure ,
qui, jusqu'aujourd'hui, a mal jugé cette question importante ,
mesure bien prévoyante, que l'on n'a pas pris la peine d'examiner au fond.

— Dites-nous : ne pourrait-on pas aussi établir des tarifs
entre les négociants, qui régleraient les prix de leurs articles,
de manière à ce qu'ils ne puissent pas les livrer à la vente à
un prix inférieur aux autres, et, par ce moyen, détruire cette
funeste concurrence qui existe aujourd'hui ?

— Non. La concurrence commerciale a toujours été et sera
toujours ; c'est, du reste, le mobile du commerce. La liberté du
commerce ne peut et ne doit être entravée sans porter at-
teinte à nos principes et au progrès.

Chaque négociant doit avoir le droit d'entreprendre peu
ou beaucoup, suivant ses points de vue. Courir les chances à ses risques et périls, compromettre sa fortune ou
la multiplier , cela est son droit.

Mais il ne devrait jamais être autorisé ou protégé pour faire la
concurrence à ses collègues, aux dépens des malheureux ouvriers qui comptent, au jour le jour, sur les faibles produits
de leurs travaux pour soutenir leur existence et celle de leur
famille.

Ce malheur est d'autant plus redoutable que, tout en attei-
gnant l'existence de l'ouvrier, il atteint aussi, plus que l'on
ne le pense, l'essor du commerce ; car c'est là le vrai motif
des chômages qui se font sentir alternativement.

— Mais, enfin, dites-nous : quand un négociant n'a pas de
débouchés dans ses articles, il faut bien qu'il en diminue les
prix de façon, ou bien renvoyer ses ouvriers ?

— Erreur de votre part, monsieur. Toutes les branches d'industrie ont un temps de prospérité, et après vient un autre
temps où l'essor se refroidit, et de là un petit chômage se
fait sentir.

Mais si vous diminuez la journée de l'ouvrier, c'est-à-
dire le prix de main-d'œuvre, alors le mal s'augmente : en
paralysant les ressources de vos ouvriers , vous paralysez
celles des autres.

Ainsi, le tout réduit ensemble produit ces crises et ces misères industrielles qui ne se produisent que trop souvent.

Et voici comment cela s'explique : pour peu que vous réduisiez les faibles produits de la journée des ouvriers, ils se trouvent réduits à se suffire à peine pour les premiers besoins de leur existence. Alors, l'essor du commerce se détruit de plus en plus, jusqu'à des extrémités malheureuses ; et ce qui y contribue le plus, sans que l'on s'en doute, c'est que, plus vous diminuez les produits de l'ouvrier, plus il est obligé de travailler pour se soutenir ; alors vos magasins s'emplissent d'une manière effroyable. Vos articles fabriqués perdent considérablement de leur valeur réelle, et pour cela les matières premières ne diminuent pas, tant s'en faut. Il s'en suit la misère des classes ouvrières et la ruine des négociants.

—Mais alors que faut-il donc faire en pareille circonstance?

— Voici le remède ; si vous me comprenez bien :

Il ne faut point diminuer les produits de l'ouvrier, c'est-à-dire le prix de sa main-d'œuvre. Il ne faut point non plus les renvoyer de vos ateliers, sauf que ce ne soit pour des questions majeures, comme, par exemple, manque de fonds ou de matières.

Mais il faut, suivant les circonstances ; diminuer la durée de la journée de l'ouvrier, c'est-à-dire la réduire aux 3[4 ou aux 2[3, n'importe, suivant les besoins.

Alors, par ce moyen, l'ouvrier sera moins malheureux que lorsque vous lui diminuerez le prix de sa main-d'œuvre, parce qu'il pourra parfois employer son temps à d'autres travaux.

Le commerçant, de son côté, ne verra pas ses produits s'accumuler dans ses magasins et perdre considérablement de leurs valeurs réelles, par rapport aux masses. Les matières premières perdront de leur valeur, et bientôt après, les débouchés se faisant sentir, cette branche d'industrie reprenant son essor, le négociant recueillera de grands avantages au lieu d'avoir à éprouver des pertes, par rapport aux prix des matières premières qu'il aurait fabriquées.

—Cela est assez clairement établi, nous le comprenons; c'est fort bien. Mais revenons en quelques mots sur la question des tarifs.

Les tarifs peuvent-ils être établis et maintenus, d'après les principes que vous nous avez indiqués d'autre part, dans une seule localité?

— Oui, mais alors ce ne serait, en cette circonstance, qu'une convention particulière entre les ouvriers et les patrons, qui pourrait bien être respectée et maintenue.

Mais cette convention ne pourrait produire l'effet qu'elle produirait si elle était sanctionnée par l'autorité supérieure, et surtout si elle était obligatoire dans toute l'étendue de la République.

— Si l'on établissait aujourd'hui des tarifs tels que vous les entendez, à Vienne, qui est notre localité, par exemple, pourrait-on relever la rétribution des classes ouvrières ?

— Non.

— Et pourquoi cela ?

— Par rapport à la concurrence de toutes les autres localités de la République française et celle de l'étranger.

On pourrait faire cependant quelques améliorations si cette mesure était établie dans toute la France. Ainsi, l'établissement du tarif dans une localité, pour quelques branches d'industrie, ne pourrait produire qu'un seul avantage : ce serait celui d'empêcher la concurrence de comptoir, c'est-à-dire la diminution que font subir à leurs ouvriers certains maîtres égoïstes, pour se mettre en mesure de faire concurrence à leurs collègues, aux dépens des malheureux ouvriers.

Mais les avantages réels que l'on peut en attendre n'auront leur effet que lorsque cette mesure sera bien comprise, et qu'elle fera l'objet d'un traité européen.

(Voir la suite de ces dernières explications au chapitre sixième).

CHAPITRE III.

*Établissement d'une maison d'asile au sein de chaque
département, convertie en atelier national.*

A leur avènement, tous les gouvernements, n'importe la
forme, ont promis beaucoup pour l'amélioration du sort
des classes laborieuses. (Mensonge, et le pauvre attend
toujours)!

Le seul gouvernement duquel le peuple pourrait attendre
quelques bienfaits, c'est la République, si la République
était administrée par de vrais Républicains. — Mais Dieu
sait le reste ! et des vertus de nos gouvernants le peuple
jugera.

La création d'une maison d'asile au sein de chaque département serait un acte d'humanité de haute importance,
dont la main du peuple bénirait à jamais l'auteur. Et certes
à la possibilité d'un établissement de ce genre, nous sommes
bien convaincu que les ennemis du bien de l'humanité ne
pourront pas, avec raison, nous opposer ces épithètes calomnieuses si souvent employées, qu'une telle entreprise serait
le bouleversement de l'ordre social. Loin de nous cette fatale
pensée, car nous sommes, avant tout, ami de l'ordre et du
bonheur de l'humanité.

Examinons maintenant si l'établissement dont nous venons de parler est possible.

D'après quels principes, sur quelles bases et à quel em-
ploi nous le destinerions :

1° La création d'une maison d'asile au sein de chaque
département est possible, ainsi que nous nous chargeons de
le démontrer dans la suite de ce chapitre.

A cette maison d'asile, établie sur une échelle un peu
vaste, il conviendrait de joindre quelques pièces de terres labourables, à seule fin de pouvoir donner de l'occupation,
dans toutes les circonstances, aux hommes valides qui seront
admis dans l'établissement ; et attendu que l'Agriculture
serait la principale occupation des gens admis. Il conviendrait beaucoup de choisir dans le département une position
favorable, de manière à pouvoir établir une fabrique quel-
conque, mais d'un genre d'industrie facile et la moins péni-
ble possible, destinée à fournir une occupation continuelle
aux bras les moins robustes.

Comme aussi il conviendrait de donner la préférence au genre d'industries qui sont en rapport avec les besoins du gouvernement ; par exemple, les fabriques de draperie, de couvertures, de passementerie et de gants. Ainsi, l'état pourrait faire fabriquer pour son compte; alors, dans le cas où il y aurait des pertes ou des bénéfices, tout cela serait l'affaire du budget, par conséquent à la charge de la nation entière.

— Oui. cela est très-bien, mais s'il y avait des pertes un peu sensibles, le gouvernement serait bientôt fatigué de tout cela.

— Vous avez raison, mon cher, les gouvernements se fatiguent ordinairement très-vite quand il s'agit de faire du bien ; mais, en vérité, où diable voudriez-vous trouver de grandes pertes dans un établissement où les gens ne seront pas rétribués, ou du moins très-peu, si ce n'est à titre d'encouragement.

— Mais vous n'y pensez pas, de quoi vivraient donc ces malheureux ?

— Ils seront nourris et entretenus aux frais de l'établissement, et, pour le reste, ils resteront en faveur de l'état.

— Quelles sont donc les catégories d'indigents de la société que vous proposeriez de faire admettre dans l'établissement ?

— Il y en a trois, et les voici :

1° Les orphelins des deux sexes, qui, comme les deux autres catégories qui seront ci-après désignées, sont, les unes et les autres, alternativement à la charge de la société, et pour lesquelles des devoirs sacrés d'humanité nous imposent d'avoir des soins et l'obligation de les protéger.

En conséquence, ces orphelins seraient admis dans l'établissement, y recevraient, d'abord, une éducation convenable et égale, jusqu'à l'âge de quatorze ans ; puis, on leur apprendrait un métier convenable à leurs dispositions naturelles, jusqu'à l'âge de vingt-un ans ; et de là, ils seraient libres de s'établir à leur gré dans le monde, ou, s'ils aimaient mieux, ils pourraient rester dans l'établissement à des conditions voulues.

Il conviendrait surtout de les appliquer, autant que possible, à l'étude de l'agriculture, ce qui pourrait bien tenir lieu de ferme-modèle, dont le gouvernement est en voie de faire l'établissement.

Et comme on le comprendra facilement, ces malheureux

orphelins seraient des enfants très-soumis , et seraient bercés de bas âge dans ce métier, par pratique et par théorie, ce qui pourrait faire d'excellents sujets dans cette étude si nécessaire.

Dans ce cas, on serait, par la suite, dispensé d'appeler de chez eux des enfants de fermiers, dont la plupart n'ont pas des besoins et seront en quelque sorte insoumis.

Mais dans tous les cas possibles, on aurait rempli de grands devoirs d'humanité envers ces malheureux enfants et la société.

2° La deuxième catégorie d'hommes admissibles dans ledit établissement seraient les vieillards encore valides, qui, dans le monde, ont perdu leur famille, et qui, par ce fait, se trouvent sans fortune, sans aucun appui, trop jeunes encore pour oser demander leur pain, et trop vieux pour être en rapport avec une jeunesse encore verte et robuste. Ce malheur se produit surtout fréquemment dans les ateliers de l'industrie, où les systèmes de confection changent si souvent; laissant derrière eux sans pitié tous ces malheureux anciens ouvriers qui ne peuvent suivre la voie du progrès, et se trouvent très-souvent sans occupation. Que l'on remarque donc bien d'un œil juste que ces malheureux ouvriers sont comparables à de vieux et braves soldats, qui, malgré leur courage, ne peuvent plus suivre leur drapeau. Ainsi, à juste titre, les uns et les autres ont servi alternativement la patrie et la société ; ils ont donc bien mérité quelques années d'une vétérance civile.

A côté de ces malheureux, nous désirerions aussi joindre les idiots appartenant à des familles indigentes, lesquels sont aussi à la charge de la société, et quelquefois sont repoussants ou à craindre.

De telle sorte que, puisqu'ils sont à la charge de la société, et que l'on est fondé avec raison d'avoir des craintes envers eux, il serait urgent de les admettre, ne serait-ce que par pitié de leur malheureux sort. Du reste, ces gens sont ordinairement assez robustes, et peuvent bien être occupés.

3° La trosième catégorie des hommes admissibles dans la maison d'asile serait composée des condamnés libérés. Chacun, dans son département respectif, serait admis.

En admettant ces malheureux condamnés libérés dans la maison d'asile projetée, il faut que l'on sache bien que, tout en accomplissant un devoir d'humanité, on aurait aussi rendu un grand service à ces malheureux et à la société, attendu que ces misérables condamnés libérés sont repoussés sur tous les points de la société, manquant de pain et de travail, traînant leur malheureuse vie d'une localité à l'autre, et qui, découragés, par le dédain qu'ils éprouvent dans ce monde, finissent par se livrer à de nouveaux forfaits, et deviennent, par conséquent, dangereux pour la société.

Or, ces malheureux ayant été punis sévèrement par la justice des hommes, ayant expié leur peine, la société leur doit humainement des secours, à seule fin de les encourager à rentrer dans le bon ordre des choses ; du reste, il faut connaître tous les malheurs qui frappent ces misérables pour ressentir la pitié qu'inspire leur sort.

Je dois vous faire remarquer aussi que ces gens sont, en général, robustes et très-industrieux, et que l'établissement ne serait pas en perte en les recevant dans l'atelier national.

— Mais dites-nous, maintenant, dans quel ordre classeriez-vous ces trois catégories différentes de gens ? et n'y aurait-il pas quelques craintes de corruption de mœurs ?

— Sous une bonne administration, et d'après l'ordre dans lequel nous allons les placer, vos craintes disparaîtront.

La première catégorie, celle des orphelins, formerait une classe spéciale et séparée de toutes les autres. Par rapport à leur jeune âge, les études et les occupations auxquelles ils seraient destinés ne donneraient lieu, ni ne permettraient aucun rapport avec les autres catégories. Du moins vous devez espérer que les personnes qui seraient chargées de l'administration de l'établissement règleraient les communications entre les catégories, s'il y avait nécessité, par des principes qui s'étudient en pareil cas, et qui donneraient toute sécurité.

Quant aux autres catégories d'hommes, vous comprenez facilement qu'il n'y a aucun danger pour les mœurs dans la classification que l'on pourrait en faire ; car, au contraire, il y aurait nécessité de les incorporer ensemble, attendu que dans les deux catégories d'hommes admissibles qu'il nous reste à classer, nous distinguons trois genres différents de dispositions naturelles, que voici :

Les vieillards, hommes faibles de constitution et peu dispos dans leurs travaux, mais, du reste, raisonnables et honnêtes,

Ceux-là, déjà d'un âge avancé, ne craignent rien de la corruption des mœurs, ainsi que vous le comprenez fort bien.

Les idiots, hommes de tout âge, en général assez robustes de
constitution', mais infirmes d'intelligence. Ceux-là craignent
peu aussi de la corruption des mœurs ; mais ils ont besoin
d'être guidés dans leurs occupations.

Les condamnés libérés sont ordinairement robustes et très-
ingénieux, la plupart vicieux lorsqu'ils sont dans le monde.

Or, vous comprenez donc bien, mon brave, que d'a-
près la description que je viens de vous faire de ces trois
catégories d'hommes, il en résulte que les premiers auraient
besoin de secours dans l'exécution de leurs travaux, et que
les deux autres auraient besoin, en revanche, d'un Mentor
pour les guider dans toutes les circonstances du travail et de
la vie. Vous comprenez aussi que ces trois catégories coïn-
cident bien ensemble, et qu'elles peuvent fonctionner et
vivre dans un même ordre, sans obstacle aucun.

— Maintenant que vous nous avez prouvé d'une manière suffisante que ces trois classes peuvent vivre et fonctionner ensemble sans obstacle, dites-nous de quelle manière vous les classerez pour le travail ?

— Ainsi que nous l'avons déjà dit , les orphelins étudieront les sciences élémentaires, nécessaires à leur éducation , en même temps qu'ils étudieront l'art de l'agriculture qu'ils exerceront aussi par pratique, et principalement
l'agriculture légère, telle que : le jardinage potager et fleu-
riste, les plantations et la taille des arbres, la greffe et enfin
tout ce qui se rattache à cet art.

Les autres catégories d'hommes les plus robustes seront
destinées à la culture ordinaire; ils pourraient être dis-
posés par petites sections, placées sous la direction et la surveillance d'un homme éclairé et prudent. D'autres seraient
occupés dans l'industrie ou les arts, suivant leurs connaissances et leurs dispositions.

Ceux appartenant aux arts pourraient être alternativement
occupés aux constructions et réparations de l'établissement.

Comme aussi, s'il arrivait que le nombre d'hommes admis
dans cet établissement fût trop fort en raison des occupations que pourrait fournir l'établissement, ne vous en épou-
vantez pas, car la nature peut occuper et nourrir tout ce
qu'elle enfante.

— Et que feriez-vous dans ce cas ?

— En pareille circonstance, on commencerait par former en brigades tous nos travailleurs, et on les expédierait sur divers points du département pour faire des fouilles , ou renversements de terrain chez les propriétaires qui les demanderaient, et sous la direction de l'établissement, ainsi qu'il en sera fait mention au chapitre suivant.

— Votre projet, mon cher, est très-bien établi et peut facilement se réaliser, nous n'en doutons pas ; mais vous n'avez probablement pas réfléchi qu'un tel établissement coûterait beaucoup.

— Le palais du Louvre a bien plus coûté.

— Oui, mais le palais du Louvre est pour l'agrément des rois.

— Et l'établissement que je propose est pour des gens du peuple qui ont faim.

— C'est très-bien, mais si le gouvernement n'est pas en fonds, que voulez-vous qu'il fasse ?

— Si le gouvernement n'a pas de fonds, la nation en a toujours; il n'y a qu'à vouloir.

— La nation en a, dites-vous, nous le savons, car la fortune publique ne se perd pas ; mais ceux qui en ont les gardent très-bien, et n'iront pas encore s'imposer de 45 cent. pour °/₀ pour faire bâtir un château à vos malheureux, qui coûterait peut-être 600,000 fr.

— Vous vous trompez, nous ne demandons pas ça.

— Comment ferez-vous donc, et quels sont vos moyens ?

— Nos moyens sont faciles, et les voici :

La République française de 1848 a établi le vote universel, base fondamentale de sa constitution. C'est un droit sacré du Peuple, que tout bon citoyen est appelé à respecter et à faire respecter jusqu'à la dernière goutte de son sang. Par conséquent, chaque citoyen doit attacher un grand prix à son droit d'électeur.

Or, vous avez en France au moins 9,000,000 d'électeurs; mais faites la déduction de 1,000,000 d'électeurs insolvables, il reste donc 8,000,000 d'électeurs solvables. Que le gouvernement impose chacun de ces électeurs de la valeur de deux journées par an, soit 6 fr., ce qui vous donnera par an, 48,000,000.

Vous avez 86 départements, ce qui donnerait à chaque

département, et par an, brut, environ. . . . . . . 558,000 fr.

Si nous supposons que chaque établissement doive coûter 1,000.000 de fr., remarquez donc que ce superbe et utile monument serait payé, et au-delà, en deux ans seulement.

Quelle œuvre sublime de la part du gouvernement qui suivra ce plan, et auquel chaque bon citoyen s'applaudirait, dans son intérieur, d'avoir contribué par ses propres deniers !

Qui donc oserait nier son droit d'électeur pour se dispenser de payer un impôt de 6 fr. par an destiné à une aussi belle œuvre.

Serait-ce le prolétaire ? Non, parce que cet impôt serait une économie pour sa vieillesse ou pour les siens.

Serait-ce l'homme riche ou industriel ? Non, parce que la société serait débarrassée d'un certain nombre de malheureux, qui, pour elle, souvent, sont importuns et frappent tous les regards de pitié.

Sous un dernier point de vue à ce sujet, que l'on sache bien que si le gouvernement mettait la main à l'œuvre pour un tel projet d'humanité dans l'intérêt du peuple, dès ce jour il pourrait, en toute assurance, diminuer la moitié de l'effectif de son armée, qui n'est l'arme au bras que pour observer les murmures inquiétants du peuple, murmures qui disparaîtraient, sans aucun doute, à l'apparition d'un premier bienfait.

Or, que l'on calcule l'énorme économie que ferait l'état en retranchant 300,000 hommes, ce qui donnerait une économie par an d'environ 140,000,000

CHAPITRE IV.

Idée d'un projet de loi pour l'amélioration de l'agriculture et le sort du cultivateur.

Dès longtemps, et sous plusieurs règnes, on a manifesté l'intention d'améliorer l'agriculture ; mais jusqu'à aujourd'hui qu'a-t'on fait et qu'a-t'on obtenu ? Rien, pour ainsi dire, que ce que la civilisation et le progrès ont produit eux-mêmes ; et, cependant, l'agriculture est l'art qui doit fixer l'attention de l'état au plus haut degré, attendu que c'est d'elle que la nation doit attendre toutes ses plus précieuses ressources. Oui c'est des entrailles de la terre qu'un peuple reçoit ses premiers trésors. Or donc, il faut donner à cet art le plus de développement possible, à seule fin d'arracher du sein de la nature toutes les richesses qu'elle nous cache et qu'elle ne cède à l'homme qu'en récompense de ses travaux.

Or, pour obtenir ces précieux avantages que l'on peut attendre de la nature, il faudrait, à l'appui d'une loi relative à cet effet, donner aux cultivateurs toutes facilités possibles pour exciter l'intérêt et l'amour propre des agriculteurs à faire l'application des principes qui seront ci-après développés. Ainsi, comme tout le monde le sait, l'un des premiers et des plus essentiels principes de l'agriculture, c'est le défoncement du terrain (en terme de métier, le minage). Ce principe, connu de tous les bons cultivateurs, a toujours donné des résultats très-avantageux pour ceux qui l'ont mis en pratique en temps et lieu.

Nous croyons donc pouvoir dire que, si le principe n'est pas généralement usité, il ne faut pas en attribuer la cause au manque d'avantages et de connaissances de la part des cultivateurs, mais bien à l'état de gêne dans lequel se trouvent placés la plupart d'entr'eux.

Mais néanmoins, nous devons faire remarquer aux lecteurs ce dont nous sommes bien convaincu nous-même : que le principe dont il s'agit n'est pas applicable généralement à tous les terrains, et que, par la même raison, l'application n'est pas annuelle pour la même partie de terrain.

Le défoncement de terrain, suivant l'expérience, n'est nécessaire que tous les dix ans environ. En conséquence, chaque propriétaire pourrait diviser par dixième les terrains qu'il jugerait convenable de faire défoncer ; de telle sorte qu'une propriété se trouverait défoncée totalement en dix ans.

Or , l'application du principe de défoncement des terrains labourables et des terrains incultes jusqu'à ce jour donnerait insensiblement des résultats très-avantageux :

1° Une abondance de récoltes d'un produit bien au-dessus de ce que l'on peut attendre d'une culture ordinaire ; ce qui couvrirait, au-delà , les frais et les soins donnés par le cultivateur pour faire l'exécution du principe.

2° Joint à cet avantage de production, le défoncement du terrain a pour bon résultat de faire disparaître les maladies pestilentielles qui se trouvent attachées à la surface de la terre.

3° Tout en donnant des produits bien avantageux et une bonification sensible à la propriété , il donnerait aussi le double avantage de fournir aux travailleurs des campagnes des occupations continuelles et dans toutes les saisons. Ce moyen serait donc de nature, sans doute, à exciter l'intérêt et l'attachement des travailleurs de la campagne , qu'ils désertent le plus souvent , faute d'avoir des occupations continuelles.

4° A côté des avantages d'autre part précités , reste celui que nous allons développer , qui n'est pas moins important que les précédents, et que nous prions les lecteurs de ne pas perdre de vue : c'est la jonction que l'on pourrait faire des travailleurs agricoles , admis dans la maison d'asile au sein du département , dont il a été question au chapitre 3.

En les embrigadant par sections, d'un nombre voulu, pour les transporter sur tous les points du département , à la demande des propriétaires, chez lesquels il manquerait des bras , pour les faire fonctionner au défoncement de terrains, et autres travaux , en traitant avec l'administration à cet effet, comme l'on pourrait aussi , dans d'autres cas , les occuper à défricher des terrains incultes , acquis au compte de la maison d'asile , terrains , qui , par la suite , pourraient être cultivés ou revendus avec de grands avantages.

— Maintenant que vous nous avez donné connaissance du projet, et des avantages qu'on pourrait en attendre , dites-nous comment vous entendriez les dispositions de la loi à ce sujet ?

— La loi, sur ce chef, devrait être toute simple et sans frais, pour ainsi dire.

1° Elle ne serait point obligatoire envers personne. Ceux qui ne jugeraient pas nécessaire de faire le défoncement de leurs terrains n'y seraient point contraints ; mais seulement elle aurait pour effet de faciliter et d'encourager à mettre le principe en exécution.

Ainsi, la loi aurait, pour toute conséquence au fond, d'accorder un crédit à chaque département d'un capital de...... destiné à cet effet, et la garantie de ce capital reposerait sur les bases suivantes :

2° Le Gouvernement accorderait un crédit à chaque département, et le département en resterait responsable envers l'État. Le département accorderait un crédit sur ce fonds capital à chaque maire des communes ; ainsi le maire de la commune deviendrait débiteur responsable envers le département, et le propriétaire emprunteur deviendrait débiteur réel envers le maire ou la commune.

Mais comme ce fonds capital ne devrait souffrir aucune altération par des pertes quelconques, la loi, à cet effet, le placerait au-dessus de tous priviléges ; attendu que ces prêts de fonds, leur destination réelle, seraient d'améliorer la propriété particulière, et, par conséquent, de lui donner une valeur en plus.

Or, comme toute loi est une convention entre l'état et la nation, la législation, en créant une loi, a toujours le soin de lui donner la puissance nécessaire pour atteindre le but vers lequel elle est dirigée, en la plaçant sur un levier qui resiste à toutes les prétentions particulières.

En conséquence, la loi, sur ce chef, serait légitimement fondée à se prévaloir du premier degré de privilége pour l'emprunt communal destiné à la bonification de la propriété particulière.

Or, suivant nous, la loi relative à l'amélioration de l'agriculture pourrait être réglée d'après les bases ci-dessus, et les principes suivants :

1° L'état ouvrirait un crédit au département pour un capital de...... destiné à l'amélioration de l'agriculture, sur le pied d'intérêt de 4 pour 0|0 l'an, avec les garanties voulues par la loi ;

2° Le département ouvrirait un crédit au maire de chaque commune, à cette même destination, et au même taux ;

3° Le maire de la commune serait dépositaire d'un registre réglé et imprimé, à ce destiné, sur lequel il ouvrirait un crédit à chaque propriétaire qui se trouverait dans la nécessité d'emprunter pour mettre en exécution le principe dont il s'agit, toutefois, après en avoir fait la demande légalement, suivant les dispositions de cette loi.

Les emprunts faits par les propriétaires seraient réglés sur le pied d'intérêt de 5 p. 0|0 l'an.

Or, cette différence d'intérêt servirait à couvrir les frais de bureau des maires ;

4° La loi réglerait sur la question de savoir si les fonds seraient versés pendant ou après l'exécution des travaux de défoncement de terrains.

5° Les bureaux établis chez les maires, destinés à la direction de l'emprunt communal, prendraient la dénomination *de bureaux de garantie*, et tiendraient lieu d'hypothèques en premier degré, ainsi que nous l'avons déjà dit ; mais seulement pour ce qui concernerait l'emprunt communal.

Or, comme on le comprend facilement, ces prêts de fonds n'auraient lieu qu'en petites sommes et en raison vraie des travaux exécutés, lesquels seraient placés sous la surveillance des maires et gardes-champêtres.

— Dites-nous maintenant pourquoi vous voudriez que la loi relative à cet effet donnât toute garantie en premier degré de privilége sur la propriété pour ces prêts de fonds ?

— Parce que si votre propriété vaut 10,000 fr. et, quelque soit la dette dont elle peut être grevée, si vous empruntez 300 fr. au capital communal pour la bonifier, cette valeur est donc en plus sur la propriété, et doit, par conséquent, être prélevée en première ligne.

CHAPITRE V.

Un mot sur l'éducation gratuite des enfants du peuple.

Le triomphe de la démocratie par nos pères a valu à nos enfants l'institution des écoles gratuites. Cela est beaucoup, et nous devons, nous prolétaires, nous en féliciter.

Mais en raison de ce que ces écoles devraient être, et des bienfaits que nous aurions le droit d'en attendre, elles laissent beaucoup à désirer. Nous appelons donc de tous nos vœux l'attention et la bienveillance de l'autorité supérieure sur le remaniement de l'ordre de ces établissements ; attendu que, dans l'ordre actuel de ces écoles, il existe beaucoup de vices défectueux qui arrêtent le développement de l'intelligence des jeunes élèves, et qui, par conséquent, ne permettent pas d'obtenir de ces écoles les heureux résultats que l'on serait en droit d'espérer.

Nous signalerons donc quelques-uns de ces vices, qui touchent à l'endroit le plus sensible du mal. Sans nous arrêter sur les détails minutieux que nécessiterait cette question si importante, car, nous ne devons pas nous y tromper, l'éducation de la jeunesse populaire ne consiste rien moins, au fond, qu'à préparer le bonheur et la prospérité des nationalités; en conséquence, nous ferons donc remarquer en première ligne les observations suivantes :

1° Le nombre d'élèves est ordinairement, dans beaucoup d'établissements, toujours trop considérable en raison de celui des professeurs ou aides-professeurs; attendu que, raisonnablement parlant, pour un professeur et un aide-professeur, le nombre d'élèves ne devrait pas dépasser 40 à 50, à seule fin de pouvoir les contenir dans le bon ordre et les faire profiter des éléments d'instruction qui leur sont destinés.

Mais il n'en est pas ainsi, car l'on rencontre un bon nombre d'établissements, dans lesquels le nombre d'élèves que nous venons de signaler est presque double.

De telle sorte que les professeurs, au milieu de cette fourmilière de jeunes gens, au caractère encore indolent, ressemblent beaucoup au pâtre qui n'a pas de chiens, au milieu d'un troupeau nombreux de moutons, épuisant tous ses soins à les contenir, sans pouvoir s'occuper de leurs besoins les plus essentiels.

Éh bien ! qu'arrive-t-il en pareilles circonstances ? Que les enfants du peuple sont, dans ces établissements, divisés par groupes, livrés, pour ainsi dire, à leurs propres soins, se montrant à lire les uns et les autres au bout d'une verge. C'est-là le cas de le dire : qu'il faudrait une intelligence subtile pour saisir son éducation à la volée. Pauvres enfants du peuple, rejouissez-vous, l'état qui vous attend, à 20 ans, pour porter ses armes et défendre ses droits au prix de votre sang, vous a donné de grands moyens pour former votre instruction dans votre jeunesse et développer aisément vos facultés ; mais prenez-y garde, ne manquez pas de les saisir en passant.

Or, pour remédier à ce vice capital, que nous venons de signaler, il serait donc très-urgent de multiplier, si ce n'est le nombre des professeurs, par esprit d'économie, mais du moins celui des aides-professeurs.

Car, ainsi que l'on le comprendra aisément, les enfants du peuple qui entrent aux écoles communales à l'âge de 7 à 8 ans, s'ils restent 3 à 4 ans à bégayer leur alphabet entr'eux, arrivent ensuite à l'âge de 12 à 13 ans, la première communion se fait, comme d'usage, et de là il faut qu'ils songent à apprendre un état pour gagner leur pain.

De telle sorte, qu'après avoir usé leurs pantalons sur les bancs pendant 4 à 5 ans, ils se retirent sans avoir obtenu aucun bon résultat.

2° Le vice que nous venons de signaler n'est pas le seul qui existe dans les écoles gratuites ; il en est un autre qui n'est pas moins dangereux.

Nous ne savons, ou du moins nous ne devons pas nous occuper de savoir si les professeurs et aides-professeurs ne sont pas assez rétribués dans leurs pénibles fonctions, mais toujours est-il que les professeurs des écoles communales et des écoles chrétiennes ont, à part les classes gratuites, des classes payantes. Eh bien ! qu'arrive-t-il en pareille circonstance ? S'il y a un bon professeur, il est à la classe payante, tous les soins les plus affectueux, tous les encouragements possibles sont prodigués, à qui? à la vertueuse classe payante.

Et le pauvre-pauvre, triste et délaissé dans un coin, reçoit, à son tour, des soins, mais des soins tièdes et énervés. Puis vienne le jour d'une visite bienveillante d'un recteur ou de tout autre personnage, chargé de la surveillance des écoles communales et gratuites , l'élite de l'école payante forme la haie et occupe les premiers rangs , de manière à pouvoir , devant le digne inspecteur , étaler les plus beaux échantillons de l'éducation donnée à l'école gratuite.

Fraude , instrument facile du charlatanisme , existeras-tu toujours ! ! !

Que l'on se souvienne donc quelquefois de la sage maxime du fondateur de cette belle institution, Louis XIV , lorsqu'il disait aux professeurs de ces écoles : « donnez tous les soins possibles aux enfants du peuple ; ils en ont grand besoin , car chez eux le temps presse. »

En conséquence, d'après les abus ci-dessus signalés, nous aimons à croire que l'autorité , par un esprit de sagesse , dans l'intérêt commun , tournera ses regards vers l'endroit où est le mal.

CHAPITRE VI.

De la possibilité du tarif entre ouvriers et patrons, et du redressement de la rétribution du travail manuel dans toute l'Europe.

— Établissez-nous donc comment vous entendez la possibilité des questions importantes que vous citez ci-dessus.

— Fidèle à ma promesse, je le ferai, mais en cette circonstance j'éprouve le besoin de tirer mon fil en longueur.

Pour que je puisse vous établir cette question très-importante dans tout son grand jour, permettez, je vous prie, de pouvoir compter sur votre indulgence.

En conséquence, je reprendrai la question du tarif dans sa naissance, la poursuivant de point en point jusqu'au bout de sa filière.

Or, partant de ce point de départ, je vous rappellerai que, dans le chapitre II, relatif à la question du tarif, je vous ai établi d'une manière assez claire que le tarif entre ouvriers et patrons, dans une localité, n'était point un obstacle pour le bon ordre des choses, ni une entrave à la liberté du commerce. Que, dans le sens contraire, la question du tarif bien raisonnée n'était rien autre qu'une convention pure et simple, qui pourrait assurer en quelque sorte la sécurité publique, tout en sauvegardant les intérêts des classes ouvrières et de l'industrie contre les prétentions égoïstes de quelques négociants, ennemis de l'ordre et des intérêts communs.

Ainsi, pour que nous soyons bien convaincus d'un fait qui cède déjà à l'évidence, supposons pour quelques instants que les ouvriers et les patrons d'une des industries de notre localité soient, aujourd'hui, en majorité d'un commun accord d'établir un tarif entre eux dans leur industrie, qui règlerait, sur un pied fixe, tous les articles qui y sont relatifs, pour un terme d'un an, sans rien augmenter ni diminuer des prix qui sont fixés aujourd'hui par l'usage, et que cette mesure fût prise dans l'esprit de prévoyance que nous avons indiqué, aux fins d'échapper à des prétentions égoïstes de la part de quelques-uns d'entre eux.

— Pensez-vous que cette mesure de prévoyance et de bonne harmonie serait un obstacle à l'ordre public ? Pensez-

vous que l'autorité locale devrait s'y opposer ? Pensez-vous
enfin qu'elle serait dangereuse aux intérêts de l'ouvrier ou
de l'industrie.?

— Non.

Or, si nous sommes bien convaincus, par tous les faits
établis et irrécusables que :

1° L'établissement des tarifs est plus que possible, qu'il est
du reste facile et prévoyant;

2° Qu'il n'est, au fond, qu'une convention entre les parties
intéressées, qui, tout en assurant leur sécurité morale, serait
une garantie certaine pour l'intérêt commun contre les prétentions injustes de quelques fractions;

Si, d'autre part, et d'après les explications données au
chapitre II, et celles ci-dessus, nous sommes, par l'évidence
des faits, suffisamment persuadés que l'établissement des
tarifs dans une localité n'offre, en apparence et en fait, aucun danger pour l'ordre social, et qu'il n'est point un obstacle à la liberté commerciale.— Par conséquent, il reste donc
bien établi par toutes les preuves possibles qui résultent des
explications, que si l'établissement des tarifs peut avoir
lieu dans une localité sans danger aucun, il peut donc être
établi dans toutes les localités de France, sur les mêmes
bases et aux mêmes conditions de sécurité.

Ainsi, ne perdez pas de vue que l'établissement des tarifs
dans toute la France serait la première condition qui doit
conduire à l'amélioration réelle du sort des classes laborieuses, sans rien prendre d'autrui ni altérer en rien le bon ordre
des choses ; que, sans cette condition, aucun redressement
de la misère des classes laborieuses ne saurait s'opérer sans
secousses violentes, et ne serait, du reste, que momentané.
Or, songez-y bien, mon cher. l'établissement des tarifs, re-
poussé sans être jugé jusqu'aujourd'hui, sera, un jour, pour
le repos des nations, la première base règlementaire.

Ainsi, il est bon que vous sachiez, mon cher, que, malgré
toutes les explications que je vous ai faites sur cette matière,
la question de l'établissement des tarifs n'en est encore qu'à
son premier rôle. Il en est un autre qui n'est pas moins important que celui-ci.

2me PARTIE DU CHAPITRE VI.

— Nous avons fort bien compris, mon cher, toute l'importance de cet article, d'après vos explications au chapitre 2 et celles ci-dessus, et nous admettons même, sans réticence aucune, la possibilité de l'établissement du tarif dans toute la France.

Mais il pourrait se faire qu'une partie du commerce ne voulût pas se soumettre à cette mesure, quels que soient les avantages qu'elle offre, et que, d'un autre côté, le gouvernement ne voulût pas prendre en considération cette question d'intérêt général.

— Quant à la première question que vous nous opposez de la part d'une fraction du commerce, elle n'est pas fondée; car, enfin, il faut bien admettre de bonne foi que si la question de l'établissement du tarif que nous proposons n'a rien au fond de dangereux pour l'ordre public, et qu'elle ne soit point une entrave à la liberté commerciale, ainsi que nous l'avons établi, qu'elle soit, au contraire, comme nous le croyons sincèrement, une question d'ordre entre ceux qui travaillent et ceux qui font travailler; que, d'autre part, ce soit une des conditions qui doivent, par la suite, contribuer à l'amélioration des classes laborieuses, pourquoi voudriez-vous que le commerce s'y opposât? Croyez-vous que la misère des classes ouvrières contribue à la prospérité commerciale? Non certes. Car souvenez-vous à cet effet d'un proverbe toujours vrai : « quand l'ouvrier ne gagnera, le commerce languira. »

Faites gagner à l'ouvrier 5 fr. par jour, la généralité dépensera 5 francs et cinq centimes; alors tout cela donne de l'essor au commerce.

Maintenant, nous croyons cette question suffisamment bien établie pour prouver avec une évidence irrécusable aux gens de bonne foi, que la création du tarif est facile à établir *par l'organe du conseil des prud'hommes, arbitres de l'industrie et des arts ;* qu'il est possible de le mettre en exécution dans une localité, comme aussi dans toute la France ; qu'il ne présente aucun danger pour l'ordre des choses, et n'est point une entrave à la liberté commerciale; qu'il n'est, au fond, qu'un sujet d'ordre et de prospérité.

Suite de la possibilité de l'établissement du tarif en France.

Vous nous avez posé deux points d'opposition, d'autre part, à l'exécution de l'établissement du tarif en France.

L'un, de la part du commerce. — Celui-ci a été combattu à l'appui de quelques questions assez justes, qui vous ont paru suffisantes pour faire disparaître de votre imagination des craintes qui, au fond, seraient déraisonnables.

Le second point d'opposition est celui que vous supposiez de la part du gouvernement ; mais à cela nous répondrons avec la fermeté de notre conviction, que nous sommes peu disposé à croire que le gouvernement repousserait tout bonnement un projet d'aussi haute importance, sans s'inquiéter du vrai comme du faux, et enfin sans examiner au fond la question, pour savoir si elle repose sur une base solide et possible, ou si c'est un instrument de verre.

Or, nous sommes bien convaincu que, en examinant la question de tarif au fond, d'après les principes que nous avons développés, l'on n'y rencontrera aucun danger pour l'ordre des choses, ni aucune entrave pour la liberté commerciale ; car, s'il en était ainsi, et que telle eût été notre pensée, nous déclarons hautement et sur l'honneur que nous nous serions sérieusement abstenu de soulever au grand jour une question majeure qui renfermerait en elle des conflits de désordre, attendu que nous en connaissons trop les conséquences, et que nous en sommes les ennemis naturels. Du reste, notre caractère et nos antécédents sont autant de preuves irrécusables, et, marchant sur cette voie paisible, nous irons plus loin : nous déclarons à la face de Dieu et des hommes que ceux qui ourdissent dans l'ombre les désordres populaires n'aiment pas le peuple ; car, nous devons le dire : derrière les irruptions populaires que reste-t-il? Des misères multipliées pour le peuple, quelquefois la honte et le deuil, et le pauvre peuple, instrument facile de l'ambition, est toujours la première victime.

Eh bien ! après tant d'épreuves et de sacrifices matériels, nous sommes arrivés sous la protection de la République. Et maintenant, à quoi bon les dissentions populaires? Pour nous, nous n'y voyons que des détresses et la ruine. Or, en présence de tels faits, notre devise sera toujours celle que nous répèterons au peuple : — halte-là! assez de malheurs ruineux. — Trois révolutions, en 60 ans, nous ont légué trois armes puissantes pour défendre nos droits : la liberté de parler et d'écrire, le vote universel pour renverser les dominateurs qui prétendraient nous gouverner sans égard au droit et à l'intérêt commun; et, comme gardes nationaux, un fusil pour défendre nos droits et la République, si ils étaient menacés.

———

3me PARTIE DU CHAPITRE VI,

Concernant les conditions à l'appui desquelles peut être établi le tarif en France, et les avantages présents qu'on peut en attendre.

En reprenant la question de l'établissement du tarif, qu'il nous soit permis de dire que le sentiment de fraternité qui nous a conduit la main pour traiter cette question nous a été épanché dans l'âme par nos gouvernants; c'est à eux que nous le devons; nous leur en saurons bon gré.

Car, depuis vingt ans au moins, nos oreilles ont été continuellement touchées par cette voix généreuse qui se fait entendre au fur et à mesure que les sublimes écrits se déroulent. Ici nous remarquons, en première ligne, des proclamations de rois, de princes, de ministres et préfets, toutes promettant et demandant par tous les moyens possibles une foule d'améliorations sur le sort des peuples. Ici, à côté, nous remarquons aussi un tas énorme de professions de foi amoncelant des bienfaits destinés au peuple. Et pourtant, les mains tendues, nous attendons.

C'est donc pour cause d'impatience dans cette attitude que nous nous sommes déterminé à fouiller dans la nuit des recherches, établissant des calculs, faisant la comparaison des positions et leur fonctionnement dans la société.

Pesant les intérêts divers, tout en les respectant dans leurs droits, mesurant les événements passés et futurs, et, enfin, combinant les conséquences de l'établissement des tarifs, des avantages qu'on peut en retirer pour le présent et l'avenir, nous qui avons été à portée de nous frotter un peu avec toutes les classes de la société, nous n'avons pas rencontré dans les choses possibles une meilleure condition que celle que nous proposons pour arriver à l'amélioration des classes laborieuses, ainsi que nous allons le démontrer en terminant cet article.

En abordant la question dont il s'agit, nous sommes bien convaincu d'une chose : que si la question importante de l'établissement des tarifs dans toute la France était présentée toute nue, elle serait de nature à intimider beaucoup de personnes, sous le rapport de l'étendue de la besogne, surtout pour les personnes qui ne se donneraient pas la peine de la raisonner.

Mais voyons à quel point de simplicité elle peut se réduire. Voici les faits :

Ainsi, pour que la question des tarifs dont il s'agit soit possible et générale dans toute la France, il faut qu'elle soit administrative et judiciaire.

Pour la soumettre à cette organisation, y a-t-il beaucoup à faire ? Non.

Vous avez la loi des conseils des prud'hommes toute établie ; on n'a qu'à la mettre en rapport avec les principes que nous avons indiqués au chapitre 2. De là on n'aura qu'à lui donner la puissance dont ont besoin toutes les lois pour atteindre le but vers lequel elles sont dirigées, et cette organisation sera bientôt établie.

— Le conseil des prud'hommes étant établi d'après les bases que vous avez indiquées, serait-il facile d'établir le tarif et d'y soumettre les parties intéressées ?

— Il n'y aurait, suivant nous, aucune difficulté, et voici comment et pourquoi nous le voyons ainsi : les tarifs seraient alors établis dans chaque localité de France, et pour chaque industrie, d'après les prix qui y sont établis par l'usage, sinon que tous les articles du même genre seraient réglés sur le même pied pour tous les établissements de chaque localité.

Or, vous voyez que par ce moyen cela ne pourrait soulever aucune difficulté ; car, qu'importerait aux ouvriers et aux patrons cette nouvelle organisation si elle ne leur faisait subir ni augmentation ni diminution ?

— Mais alors quels avantages tireriez-vous donc du tarif, s'il en est ainsi ?

— Il seraient plus grands que vous ne vous le figurez en apparence , et les voici :

1° Vous détruiriez , par ce moyen , la concurrence de comptoir , c'est-à-dire les exigences de certains patrons qui profitent des moindres circonstances pour diminuer leurs ouvriers , et faire , par ce fait d'égoïsme , la concurrence à leurs collègues, ce qui amène le plus souvent la misère chez l'ouvrier et le malaise dans l'industrie. Ce fait est d'autant plus certain que nous en avons l'expérience par nous-mêmes et par d'honnêtes négociants.

Par conséquent, nous terminerons cet article en donnant pour certain que l'établissement du tarif sur les bases que nous avons indiquées jusqu'ici applanirait bien des misères, tout en faisant disparaître bien des inimitiés qui sont engendrées entre patrons et ouvriers par les faits signalés.

4ᵐᵉ ET DERNIÈRE PARTIE DU CHAPITRE VI ,

Concernant l'étendue future de l'établissement du tarif et ses avantages.

Dès longtemps tous les gouvernants du peuple se sont engagés, par tous les écrits possibles, à travailler de tous leurs moyens à l'amélioration de son sort. Leurs promesses étaient sublimes en regard des besoins de l'humanité , et méritaient, par conséquent, un juste retour vers la reconnaissance. Le peuple, de son côté, à travers tous les événements des vissicitudes humaines, est resté calme et résigné dans son sort, toujours fidèle à ses devoirs; il a satisfait, de tous les temps , par ses sueurs et son sang, à toutes les exigences de l'état. Et cependant , pour tout cela, — ah! l'homme se refuserait à le croire ! — les promesses des gens d'état sont encore sur des voies inconnues.

C'est donc en présence de ces pénibles conséquences, que nous avons cherché à pénétrer à travers les circonstances qui en sont la cause , guidé par le seul espoir de nous rendre utile à la cause commune , en coopérant aux recherches de systèmes qui doivent contribuer à améliorer le sort des classes laborieuses.

Or, comme nous l'avons dit d'autre part, n'ayant pas trouvé dans les choses possibles de condition meilleure pour atteindre notre but que celle du tarif, c'est par cette décision bien arrêtée que nous avons cru devoir en dresser le projet.

1° Ainsi que nous l'avons déjà dit d'autre part, l'établissement des tarifs en France, placé sous l'influence de l'autorité administrative judiciaire des conseils des prud'hommes, sur les bases et principes indiqués, donnerait au résultat l'une des meilleures conditions tendantes au bien-être commun de l'ouvrier et de l'industrie, en arrêtant d'abord les exigences égoïstes et mesquines exercées dans chaque localité de la part de quelques patrons, frappant en même temps sur les faibles ressources ouvrières et l'essor commercial, formant une espèce de concurrence de rapine, s'étendant d'une localité à l'autre, et devient une plaie dangereuse pour l'industrie.

Le tarif, cette mesure d'ordre et de prévoyance, détruirait en même temps toutes les animosités engendrées alternativement par la question d'intérêt entre ouvriers et patrons, et ramènerait infailliblement sur le terrain de l'industrie une conciliation aussi heureuse que désirable.

Mais, néanmoins, qu'il reste bien entendu pour tout le monde que l'établissement des tarifs en France ne peut pas être préalablement un sujet d'augmentation dans la rétribution du travail manuel; qu'il ne peut être établi que sur les prix actuels fixés dans chaque localité par l'usage, eu égard à la position actuelle du commerce, et surtout en présence de la concurrence étrangère dont nous ne pouvons dépasser le niveau. En conséquence, il résulte de l'évidence des débats que le tarif peut être établi en France sans obstacle aucun, d'après les conditions données d'autre part.

Maintenant, à l'exécution d'un tel projet, fondé sur des bases aussi solides et des moyens si faciles que nous objectera-t-on et quelle barrière nous opposera-t-on ? Fera-t-on valoir que l'on craindrait que la loi que nous sollicitons à cet effet provoquât quelques âcretés envers une fraction du commerce?

Nous répondrons, avec raison et justice incontestables, à cet effet, que la création de toutes les lois possibles qui régissent l'espèce humaine ont eu un caractère au moins aussi grave, sans contredit.

Ainsi, par exemple, la création des lois d'impôts, du recrutement de l'armée, et celle, surtout, sur les boissons, qui était en réalité simplement une loi de finances, qui n'avait d'autre nécessité dans sa création que celle de nuire à tout le monde. Quel est celui de vous qui ne se rappelle les difficultés sans nombre que cette loi a soulevées, loi qui est encore combattue aujourd'hui? Et bien! le gouvernement ne l'a-t-il pas maintenue contre la volonté des trois quarts de la nation? Tandis que nous, la loi que nous sollicitons en exécution de notre projet, est une loi d'ordre, de nécessité et de justice; et enfin, nous pouvons le dire, bien sot qui ne le comprendra pas, une loi d'avenir pour les peuples et de salut pour l'état.

Car, enfin, maintenant il s'agit de poser la question franche et nette au grand jour. Quatorze siècles sont passés comme le zéphir sur la tête de la nation française, toujours gorgée de promesses sans résultats.

De ce temps jadis, le peuple était l'esclave de ses gouvernants; mais, depuis soixante ans, le peuple français, opprimé, a reconquis ses droits et les vôtres, messieurs nos gouvernants!

Or, à travers toutes ces circonstances inexprimables, les gouvernants de la France veulent jouir du fruit de leurs droits, c'est très-bien; mais le peuple aussi veut absolument vivre en travaillant.

En conséquence, depuis soixante ans trois épreuves ont été faites à cet effet sans résultat. Et, pourtant, vos écrits amoncelés sont là, surabondants de promesses toutes meilleures. S'il est vrai qu'au fond de votre cœur gît votre amour pour le peuple, comme l'ont exprimé vos lèvres tant de fois, hâtez-vous donc d'en réaliser, si non toutes, mais du moins quelques-unes; car enfin, et que personne ne l'ignore, le jour des grands événements s'est accompli, la lumière a percé chez le peuple, et le voile qni couvrait cette grande famille s'est brisé. De ce décret de la nature l'univers a ressenti la secousse, et l'édifice est ébranlé. Prenons-y garde! Entendez-vous ces craquements qui se font sentir sur tous les points de l'Europe?

Or, en présence de tant de faits puissants, les promesses des hommes d'état ne peuvent plus rester dans le vide envers le peuple; il faut que les engagements aient loyalement leurs effets.

Par conséquent, vous-mêmes, gouvernants de la France actuelle, vous avez, par tous vos écrits possibles, scellés sur la garantie de votre honneur, pris l'engagement d'améliorer le sort du peuple.

Vous avez même, par la Constitution de 1848, pris Dieu à témoin de vos engagements, et de tels engagements sont trop sacrés pour les rompre impunément : la justice de Dieu a un temps pour tous.

Or, il n'est donc plus possible de reculer devant la puissance des faits accomplis au jour où nous sommes, sans compromettre l'honneur et tout ce que l'homme a de plus sacré dans cette vie, en déchirant un voile qui soulèverait des tempêtes effroyables dans l'avenir. Hélas! à cette idée frappante, élevons notre âme vers Dieu, en le priant, au nom de l'humanité, d'écarter de nous des jours semblables. Oh! gouvernants de notre belle France, le peuple est un être fait à votre image ; tournez donc vos regards vers l'avenir, en lui préparant un sort plus doux.

En conséquence, si, pour éviter à l'avenir des seconsses funestes au monde entier, vous voulez loyalement maintenir vos promesses envers le peuple qui attend, par quelle voie y parviendrez-vous, si ce n'est par celle qui vous est ouverte, par l'établissement du tarif?

Vous appuyerez-vous, pour l'accomplissement de cette œuvre, sur les limites des articles 8 et 13 de la Constitution de 1848, lesquels consacrent au peuple français la liberté du travail et le droit à l'assistance, avec réserves?

Quel est ce droit au travail? Celui qui a été accordé dans la condition des chantiers nationaux, droit ruineux pour les uns et défectueux pour les autres.

Quel est ce droit à l'assistance? L'aumône faite, à défaut de la famille.

Ces phrases, quoique bien écrites, sont insuffisantes au fait.

Vous appuyerez-vous sur les systèmes d'utopies ? Non. Vous les avez condamnés vingt fois, et mon jugement appuie le vôtre.

Vous n'embrasserez donc pas mieux, par conséquent, la communauté, ce beau séjour terrestre, la vie délicieuse organisée par l'honorable citoyen Cabet, mais moins prudent que Mahomet, qui eut au moins l'ingénieuse pensée de ne la promettre qu'après cette vie.

Or, ainsi que nous l'avons déjà dit, il ne reste plus dans les choses vraies et possibles qu'un moyen de bonheur et de salut pour tout le monde, qui puisse détruire dans l'avenir toutes les guerres intestines et toutes les dissentions populaires, qui, tout en assurant la paix à l'Europe, relèverait à un degré de bonheur la situation des classes laborieuses, c'est l'établissement du tarif dont nous avons fait connaître, par les nombreuses explications qui précèdent, les avantages présents, et nous allons maintenant essayer de vous développer ceux qu'on peut en attendre à l'avenir.

Permettez-nous maintenant de supposer, pour quelques instants, que l'établissement du tarif en France donnerait tous les avantages que nous sommes en droit d'en attendre.

Ne conviendrez-vous pas avec nous, de bonne foi, que les ambassadeurs représentants des nations étrangères, qui sont au sein de notre capitale, seraient bientôt animés du désir de faire jouir leur pays des mêmes avantages, ainsi que cela se pratique d'usage, que Messieurs les ambassadeurs sont chargés, par mission et devoir, de rendre exactement compte à leur gouvernement de toutes les innovations qui sont tirées du néant et qui ont quelque utilité publique.

Or, nous ne devons pas rester un instant dans le doute que l'établissement du tarif en France, monté sur un pivot organique, et appuyé par la puissance d'une loi, produirait infailliblement de merveilleux résultats, et l'étranger, frappé de cet ordre harmonieux qui règlerait la condition et les intérêts de tous, serait bientôt imbu des mêmes principes. En conséquence, arrivé graduellement et sans secousse aucune sur ce terrain d'un nivellement naturel, tenant l'équilibre de notre industrie en présence de la concurrence étrangère, ainsi que cela est réglé depuis de nombreuses années pour toute l'Europe par l'intelligence des hommes et l'assiette naturelle de notre industrie.

En conséquence, un jour, s'il plaît à Dieu que nous arrivions à ce degré de notre entreprise, ainsi que Christophe Colomb, nous pourrions le dire : « Enfants, prenez patience, « nous touchons à la terre du salut. »

Ainsi, à l'appui des explications que nous venons de vous donner sur l'équilibre de l'industrie soutenue par la concurrence, permettez-nous de vous faire une comparaison qui vous paraîtra logique, et soyez bien pénétrés de cette idée :

que toutes les industries de l'Europe ressemblent beaucoup, dans leur ensemble, à l'immensité d'un lac dont les éléments sont retenus par des bornes naturelles et insurmontables, et dont les mouvements perpétuels d'impulsion et de répulsion sont dirigés par une main surnaturelle et invisible.

En conséquence, il est donc bien évident que l'établissement du tarif en France et en Europe se produirait insensiblement, suivant toujours un nivellement naturel, auquel l'industrie ne saurait échapper d'après les limites de la concurrence.

Or, on comprendra donc évidemment que la question du travail manuel et de l'industrie n'aurait, dans cette circonstance, d'autres transformations pour tous les peuples civilisés que de passer d'un état naturel à un état d'ordre et de prospérité.

Eh bien! s'il én était ainsi, qu'un jour nous fussions arrivés à cette hauteur des choses, alors que l'industrie, dans toute l'Europe, serait réglée sur un pied d'équilibre par le fait d'une administration, ne serait-il pas extrêmement facile aux divers gouvernements de l'Europe de redresser graduellement le sort des masses, sans nuire aux intérêts et à la liberté commerciale?

Or, maintenant que le système est totalement à découvert, on comprendra donc naturellement son but capital, et la facilité avec laquelle on pourrait arriver au redressement du sort des peuples, avec la seule volonté de ses gouvernants.

Mais, pour que rien ne reste dans l'ombre, expliquons comment.

Eh bien ! maintenant que toutes les comparaisons et suppositions possibles ont été faites sur ce chef, admettons encore, pour un instant, qu'au jour où nous sommes l'industrie européenne roulerait sur l'équilibre du tarif, réglé par la concurrence. Ainsi, arrivés sur le point éminent de notre projet, arrêtons-nous là.

Maintenant, examinons de près quelles seraient les difficultés ou les entraves qui pourraient arrêter l'exécution d'un traité entre les puissances de l'Europe, si, par exemple, ce traité devait être le résultat d'un bien commun, et par lequel elles arrêteraient, d'un commun accord, que, par suite de telles conditions et à une époque déterminée, elles relèveraient ensemble, à un degré fixe, la situation matérielle des peuples.

Or, toutes les industries européennes étant déjà basées par le fait de l'équilibre existant, cette grande question si monstrueuse se résumerait à dire que, par l'effet du traité dont il s'agit, l'on relèverait la situation matérielle des peuples, sur le pied actuel des choses, d'un quart ou d'un demi-quart ; qu'importe le degré auquel on s'arrêterait ?

De telle sorte que, si l'on se fixait au degré d'un quart, tous les articles du travail manuel, en général, seraient rétribués d'un quart d'augmentation en ce qui concerne la main-d'œuvre, c'est-à-dire, en un mot, que l'ouvrier qui gagnait 3 francs par journée gagnerait alors, dans la proportion, 3 francs 75 c.

Ainsi, le patron, de son côté, établirait son compte de revient dans la même proportion, de telle sorte qu'il n'éprouverait aucun préjudice, mais bien un avantage sur les conséquences.

Me direz-vous que les gouvernements n'apporteront pas un vif intérêt à traiter pour une affaire d'industrie?

Je répondrai à cela : que les gouvernements ont souvent tenu des congrès de moins d'importance. Ainsi, par exemple, les traités de douanes, de colonies lointaines, de questions de guerre mal comprise, et quelquefois affaires de caprice diplomatique.

Or, pour moi, à mon avis, il n'est point de questions plus importantes pour un gouvernement que celle qui doit assurer l'existence et la paix intérieure d'un peuple.

Du reste, n'est-ce pas bien naturel que les peuples, en se donnant une forme de gouvernement, aient entendu construire un siége puissant, duquel découlerait une protection légale pour tous.

Or, si, par toutes les lois possibles, la propriété-fortune est garantie, à plus forte raison celle du peuple, le travail, le doit être aussi.

Car, enfin, il faut loyalement convenir qu'en abandonnant à son sort la question du travail, seul moyen d'existence des classes laborieuses, ce serait abandonner le droit du plus faible au plus fort, ce qui serait réputé d'infamie en présence des peuples civilisés.

Ainsi, il a été donné par Dieu aux hommes éminents par devoir et conscience, de protéger les peuples contre tous les fléaux de la misère. Espérons donc que le gouvernement républicain respectera ces grands principes, seul moyen d'éviter les craquements de l'édifice social par les dissentions populaires. Alors notre industrie, reprenant son essor, relèverait la pente du numéraire, ce sujet bienfaiteur qui laisse toujours sur ses traces, dans son parcours au sein des populations, l'abondance et le bonheur. Enfin, semblable à la douce rosée du ciel, qui ne s'épanche sur la surface de la terre que pour y raviver la tendre végétation, et laissant après elle la nature fraîche et florissante.

CHAPITRE VII.

Les rois paternels et le peuple.

La monarchie française, fondée par Pharamond, premier roi de France, an 420 de l'ère chrétienne, compte 72 rois, y compris Louis-Philippe Ier, dernier roi des Français.

Par conséquent, le peuple français a donc l'honneur de se compter 72 pères, et sans héritage, attendu que ces illustres personnages ont eu l'ingénieuse présomption de joindre à leurs qualités sans nombre celle qui est si douce à remplir, et qu'ils ont toujours oubliée : de *pères du peuple.* Mais, par malheur , le droit d'aînesse se trouvait attaché au trône , et les pauvres cadets du peuple en ont subi les conséquences.

Maintenant les pères sont morts et le peuple, immortel, vit toujours. Ainsi, nous devons donc pieusement examiner à quel point de reconnaissance nous leur sommes redevables. Éh bien ! pauvre peuple, enfant déshérité de tes pères, si, pour bien vénérer leur mémoire , tu désires connaître quelques passages de leur histoire, j'essaierai d'en extraire de ses pages un faible récit ; car, si je te disais le tout, tu les précipiterais dans l'oubli.

Mais , par respect pour les morts et le repos de la tombe , nous extrairons sans partialité de la carrière de la monarchie quelques-uns des passages les plus saillants pour les exposer aux regards des hommes qui ne sont pas familiers avec l'histoire de *leurs bons pères* du temps jadis et moderne.

Et , lorsqu'ils seront pénétrés d'un profond souvenir de tout le bien qu'ils ont fait et qu'ils auraient voulu faire dans l'intérêt de la grande famille, si Dieu, par une main invisible, n'avait si souvent brisé leurs plans , ils pourront juger avec toute la paix de leur conscience, du mérite de leurs actes et de leurs vertus.

Alors , c'est ici que nous leur dirons : « enfants de la grande famille, sur ce point capital ne vous trompez pas ; lisez et vous verrez où gîtent les lambeaux de vos droits ; sachez-bien qu'aujourd'hui deux grandes questions sont en cause , et le tribunal du peuple doit en juger. »

Ici , chaque membre de la grande famille réclame ses droits dans la succession de la monarchie décédée.

Les aînés demandent impérieusement la reconstruction de l'édifice monarchique, objectant qu'ils ont des titres sacrés sous les débris du trône ; d'autres prétendent qu'ils ont de nombreux priviléges sous les décombres, entraînés par la chute de l'édifice dont il s'agit, et voudraient, par conséquent, leur redressement.

De telle sorte que pour vous, pauvres cadets du peuple, ils ne vous laisseraient, si vous n'y prenez garde, pour tout legs du fameux héritage de février, que le vote universel duquel ils arracheront encore tour les avantages possibles. Or, le danger est grand, je vous en préviens. Apprenez-donc à connaître vos droits, ils sont fondés ; réfléchissez bien, votre cause est l'avenir; songez bien aux frais que vous avez faits pour construire l'édifice de la Liberté sur les ruines de la monarchie usée par le temps. Ainsi, vous êtes, de la grande famille, les plus nombreux ; vous avez, pour défendre vos droits, le vote universel ; or, si vous le voulez, la victoire est à vous.

Lisez, *et vous verrez ce que valent les monarchies.*

FAITS CHRONOLOGIQUES

En exposant au regard public un tableau classique des
actes des rois de France, nous n'avons eu d'autre but que
celui de rendre plus présents à la mémoire des lecteurs les
faits constatés par l'histoire, afin que chacun puisse
apprécier d'une manière claire les conséquences des événements monarchiques qui ont désolé la France pendant
douze siècles environ. Mais, pour rendre ces recherches
plus brèves, et ne pas abuser de l'indulgence des lecteurs,
nous nous contenterons de ne reproduire que les faits les
plus notoires, laissant dans la nuit des temps passés le règne
de quarante et quelques rois fainéants qui n'ont rien laissé
d'important, si ce n'est des misères.

Nous remarquons donc en première ligne, comme roi barbare :

CLOVIS Ier, 5me roi de France, en 481.

— Quel fut l'ensemble de son caractère?

— Il fut un guerrier courageux; mais ses qualités furent
ternies par les crimes dont il se rendit coupable.

1° Il assassina lâchement un soldat d'un coup de hache ;

2° Il fit mourir lâchement Siagrius, gouverneur des
Gaules.

3° Il fit assassiner, par son fils, Sigébert, roi de Cologne;

4° Il assassina aussi Ranacaire de Cambrai, et Rinomer
du Mons. Après avoir assassiné ces trois princes, qui
étaient ses parents, il s'empara de leurs états ; et, comme
étant le premier roi chrétien de France, il fit bâtir

plusieurs églises. èspérant obtenir son pardon devant Dieu ; mais son nom est resté à la postérité souillé dans le sang de ses victimes.

CHILDEBERT Ier, 6me roi de France, en 511.
Il était fils aîné de Clovis Ier.
Il fut charitable, puis se déshonora en devenant l'assassin de ses neveux, et par d'autres cruautés.

CLOTAIRE, second fils de Clovis, 7° roi, en 558.
Son caractère fut d'une férocité sans exemple; il coopéra, avec son frère Childebert, à l'égorgement de ses neveux. Plus tard, il fit brûler son propre fils en présence de sa femme et de ses autres enfants, parce qu'il lui avait désobéi.

CHILPÉRIC Ier. 9e roi de France, en 567.
Il fit étrangler Gulsuiende, sa belle-sœur, et il commit tant de crimes, de concert avec sa femme Frédégonde, qu'il fut surnommé le *Néron de la France.*

CLOTAIRE II, 10e roi de France, en 584.
Il gouvernait avec assez de prudence ; mais, comme ses devanciers, il devint un infâme scélérat en faisant mourir, par des tortures affreuses, sa parente Brunehaut et les enfants de Thierry.

CLOVIS II, 12e roi, en 638.
Ce prince fut juste et charitable ; car, pendant une grande famine de son règne, il épuisa tous ses trésors pour secourir son peuple.

CHILDÉRIC II, 14e roi, en 670.
Il se livra à tous les dérèglements, commit des cruautés qui le firent détester de ses sujets. Il fit, sans motifs, fouetter un seigneur, attaché à un poteau, sur une place. Celui-ci en tira vengeance en l'assassinant lui et sa femme.

CHARLEMAGNE, 24e roi, en 768.
Il fut grand et généreux guerrier, savant et juste administrateur. Il donna un ordre à son peuple, qu'il nomma Tiers-Etat, et le fit représenter par des députés.

ROBERT, 38e roi, en 996.

Il fut l'un des plus braves de son temps. Il nourrissait jusqu'à 500 pauvres par jour. Mais une grande famine désola son règne.

LOUIS VII, 42ª roi, en 1137.

Il fit massacrer indignement 1,300 personnes dans une église ; puis, pour effacer ce crime de son imagination, il fut à la Terre-Sainte avec une armée de 60,000 hommes qui furent sacrifiés.

LOUIS IX, dit St-LOUIS, 45ᵉ roi, en 1229.

il fut brave et courageux guerrier, éclairé et sage législateur ; mais il n'eut pas moins la cruauté d'exiger du comte de Toulouse le massacre des hérétiques, crime affreux en présence de l'humanité.

LOUIS X, dit le Hutin, 48ᵉ roi, en 1314.

Il fit pendre son ministre sans être jugé ; puis il décréta que les hommes étaient francs en venant au monde ; mais cet affranchissement ne s'obtenait qu'au prix de l'argent.

JEAN-LE-BON, 52ᵉ roi, en 1350.

Ce roi ne répondit pas à son nom. Au lieu d'être Jean-le-Bon, il fut le mauvais ; car ce barbare fit couper la tête à son connétable Raoul, sans forme de procès, ainsi qu'à quatre autres personnes. Il perdit aussi une bataille contre le *prince noir* d'Angleterre, avec 60,000 hommes contre 8,000 Anglais. Son règne fut la désolation de la France.

LOUIS XI, 56e roi de France, en 1461.

Il fut rusé, dissimulé, et en même temps téméraire. Il dépouillait ses seigneurs, tout en chargeant son peuple d'impôts. Il fit périr le duc de Bourgogne ; enfin, son règne fut un règne de calamités.

LOUIS XII, 58ᵉ roi de France, en 1498.

Il fut brave, juste et humain ; enfin il fut surnommé le père du peuple.

CHARLES IX, 62ᵉ roi, en 1559.

Ce jeune prince, sous les inspirations de Catherine de Médicis, sa mère, femme rusée et dissimulée, qui, sous le manteau de la religion, entretenait une cour de corruption. Le temps de ce règne fut tout de guerres civiles pour cause de religion, et enfin amena l'affreux massacre de la St-Barthélemy, où périrent plus de 100.000 personnes.

HENRI III, 63e roi, en 1574.
Son règne fut aussi un règne de guerres civiles, d'infamies et d'assassinats, à la cour et dans tout le royaume. Il fut assassiné lui-même par Clément.

HENRI IV, dit LE GRAND, 64e roi, en 1589.
Ce prince réunissait toutes les qualités qui constituent un bon roi. Il protégea les sciences et les arts, et fut le bien-aimé de son peuple. Mais, néanmoins, pour arriver au trône, il fut obligé de soutenir un siége contre Paris qui dura près d'un an, ce qui amena une famine si effroyable que des mères ont mangé leurs enfants. C'est encore une des conséquences des rois.

LOUIS XIV, 66e roi de France, en 1643.
Ce grand homme réunissait à la grandeur d'âme les talents militaires, l'amour des sciences et des arts. Il était juste et courageux, poursuivant les entreprises de son père pour l'agrandissement de la France. Son règne, comme celui de son père, fut rempli de guerres continuelles, soulevées par les cardinaux de Richelieu et Mazarin ; mais, couronnés de nombreuses victoires, ils parvinrent cependant à chasser les étrangers et plantèrent les limites de la France. Il créa de belles institutions, fit construire de beaux monuments, entre autres celui des Invalides. Mais, néanmoins, à travers toutes ses victoires, la France eut de tristes passages qui suivent toujours le fléau des guerres.
Il fit une grande faute en révoquant l'édit de Nantes, qui protégeait la religion prétendue réformée.

LOUIS XVI, 68e roi de France, en 1774.
La fin tragique de cet auguste prince inspire de la pitié ; il aurait mérité de vivre dans un meilleur temps. Malheureusement pour lui le trône de France était miné jusque dans ses

fondements, depuis bien des siècles, par la corruption de la cour, la vanité et les exigences de la noblesse, ainsi que du clergé.

La France était réduite aux abois. Louis XVI, chancelant entre les intérêts du peuple et ceux des privilégiés, rencontra un décret qui le frappa de mort avec le trône.

La République fut proclamée et le peuple fut souverain. Ne pouvant obtenir sa liberté et ses droits par la morale et par la persuasion, il fut obligé de les prendre d'assaut sur la noblesse et le clergé. Le sang coula comme dans tous les cas de résistance ; mais à eux la faute et le mal.

NAPOLÉON, empereur, 69ᵉ monarque, en 1804.

Comme soldat, il vit naître sa gloire militaire sous la République française, qui l'éleva à de hautes fonctions. Il était donc fils de la République; mais, dès qu'il en eut l'occasion, il étouffa sa mère pour se faire nommer empereur.

Ainsi, comme militaire, il fut un des plus habiles, et comme administrateur il ne le fut pas moins. La postérité lui doit un code et de nombreuses victoires. Mais, au résumé, où conduisit-il la France? à un sacrifice de 3,000,000 d'hommes et un milliard et demi de contributions forcées, que la France a payées pour son élévation personnelle, sans autres résultats pour la France.

LOUIS XVIII, 70ᵉ roi de France, en 1814.

Il fut amené en France à la faveur des baïonnettes étrangères. Il donna une constitution à son peuple et fut appelé le *Désiré* (pour les uns et non pour les autres). Il fit fusiller Mouton-Duvernay, Ney, Labédoyère et autres militaires.

Il laissa assassiner indignement le maréchal Brune dans la Provence, et commettre grand nombre d'autres crimes de ce genre, sans en faire poursuivre les auteurs, ce qui souilla son règne.

CHARLES X, 71ᵉ roi de France, en 1824.

Il fut un prince vaniteux, hypocrite et inhabile en toutes choses. En déchirant la charte donnée par son frère au peuple français, il coûta à la France un sacrifice de 25,000 personnes.

LOUIS-PHILIPPE 1er, 72e roi, en 1830.

Il fut un prince dissimulé et habile politique. Son règne fut celui de la paix pour les hommes, et la guerre aux capitaux. La corruption en administration et la dilapidation du trésor public. Comme prince privilégié de la nation française, en 1830, il déclara solennellement au peuple qu'il ne voulait que son bien; mais cette promesee fut sous-entendue par lui.

Mœurs et coutumes des peuples français sous les divers âges des monarchies.

Maintenant que nous avons étudié le caractère et les actions des rois de France, examinons attentivement quelle était la situation morale et matérielle des peuples.

Vous remarquerez bien que, d'après l'histoire que nous venons de parcourir, il s'est écoulé 1,400 ans depuis la fondation de la monarchie; sur lesquels, douze siècles, au moins, ont été employés par le peuple à guerroyer avec l'Europe entière.

Nonobstant les guerres intestines occasionnnées, d'une part, par les partages du royaumme que faisaient les rois entre leurs enfants, jusqu'au 11me siècle. D'autre part, les guerres continuelles que se faisaient les seigneurs entre eux, et les affreux égorgements qui se faisaient au nom de Dieu.

Eh bien ! après ces douze siècles de guerres infâmes et d'égorgements continuels, arrivée au jour où nous vivons, l'Europe s'est-elle agrandie pour satisfaire l'ambition des rois ? — Non. Trois fléaux font la désolation des peuples : la guerre, la peste et l'inondation.

— Quelle était la condition morale du peuple jusqu'au 11me siècle ?

— Le peuple appartenait à trois ordres différents :

1ᵒ Le noble et le clergé ; ils étaient libres, et leurs biens étaient affranchis de tous droits.

2ᵒ Les artisans et propriétaires, appelés de ce temps-là, les *Lides*, jouissaient d'une demi-liberté, moyennant une redevance qu'ils étaient tenus de payer à l'État.

3ₒ Le tiers-état, ou le menu peuple, était esclave. Les hommes étaient vendus au marché, à prix d'argent, comme la brute.

4ᵒ Les habitants des campagnes n'ont obtenu la franchise ou demi-liberté, que vers le 13ᵐᵉ siècle, (sous Louis -le-Hutin).

— Quelle était l'état des sciences de ce temps-là ?

— L'ignorance des hommes était à un tel point, qu'il n'y avait, pour ainsi dire, que le clergé qui savait lire et écrire médiocrement ; car la plupart des nobles ne savaient rien.

— Matériellement, le peuple était-il heureux ?

— Non. Son état d'ignorance lui faisait manquer de tout.

La culture était tellement arriérée, que, malgré le faible nombre de la population, du reste décimée par les ravages de la guerre, on récoltait à peine pour se nourrir ; car l'existence était limitée par les lois et les coutumes de ce temps-là.

— Quelles étaient leurs industries manufacturières ?

— Ils n'en n'avaient pour ainsi dire pas ; ils ignoraient la fabrique de coton ; les fabriques de toile et draperie étaient peu connues ; ce n'est que vers le 14ᵐᵉ siècle que l'industrie a commencé à se développer.

— Comment se rendait la justice, et par qui était-elle exercée de ce temps-là ?

— Charlemagne avait bien créé des juges royaux, mais ses descendants laissèrent affaiblir cette autorité.

Les seigneurs s'étant ressaisi de la haute et basse justice, disposaient de la vie et des biens des hommes. Chaque seigneur jugeait les hommes de sa circonscription.

— De quelles manière rendaient-ils la justice quand il n'y avait pas de preuves suffisantes ?

— Ils soumettaient le plaignant et l'accusé à des épreuves absurdes et infâmes de ce temps-là :

1ᵒ Ils avaient recours au duel judiciaire entre les deux parties ; le vainqueur était absous et le vaincu était condamné.

2º L'épreuve de la croix, c'est-à-dire, celui qui tenait le plus longtemps les bras levés devant l'autel avait gain de cause.

3º Celui qui marchait le mieux sur des socs de fer rougi au feu.

4º Celui qui avait le moins de traces de brûlures après avoir mis la main dans un gantelet de fer rouge.

5º Et enfin, l'épreuve à l'eau froide. On liait les pieds et les mains aux deux parties, puis on les mettait dans une cuve. Celui qui remontait sur l'eau était absous, et celui qui demeurait au fond était condamné. Ces épreuves étaient faites au pied de l'autel, accompagnées de cérémonies ; disant à cela que Dieu ne laissait pas succomber les innocents. Jugez des infamies auxquelles les hommes ont été exposés jusqu'au 14me siècle.

Lecteurs, dignes enfants du peuple, quelles que soient vos opinions et votre position dans le monde, portez un jugement sain sur ces documents, et vous reconnaîtrez ce que valent les monarchies, dont vous devez craindre le funeste retour.

CHAPITRE VIII.

La République maternelle et le Peuple.

Après avoir apprécié les mérites et les vices qui résultent des phases de la paternité monarchique, examinons maintenant, avec la même attention, ce qui est résulté et ce qui pourrait résulter, à l'avenir, de la maternité républicaine ancienne et moderne.

Mais avant d'entrer dans de plus amples détails, et surtout avant de fixer notre jugement sur la valeur des deux grands principes, qui, du reste, diffèrent de beaucoup dans la forme gouvernementale, nous avons cru devoir faire raisonner les principes en présence, en faisant la comparaison de l'origine de leurs bases ; et, certes, il est à propos de le dire dans cette occasion ; qu'importe au peuple le nom sous lequel s'établit un gouvernement, s'il diffère des principes.

Or, il est donc trop naturel que tous les bons citoyens qui respectent leurs droits et leur nationalité doivent vouer tout leur attachement au principe gouvernemental et non à la forme.

En conséquence, examinons scrupuleusement quelles sont les bases originaires sur lesquelles ont été fondées les deux formes de gouvernement dont il s'agit, pour que nous puissions former notre jugement sur la valeur des principes.

Ainsi, voici les faits :

La monarchie, c'est le siége somptueux de l'aristocratie. Fondée sur ce principe, elle est inaccessible pour toute la nation, fermant les portes du pouvoir à toutes les intelligences populaires, ne recevant autour d'elle que des familles favorisées des priviléges de naissance et de fortune, et le plus souvent sans appréciation de caractère ni de talents; c'est, enfin, un pouvoir suprême, dominant sur la nation entière, que nos ancêtres avaient confié au caprice d'un seul homme, s'en référant à Dieu de sa bonne foi sur leur sort ; c'est, en un mot, le droit de tous à la disposition d'un seul.

C'est donc à l'appui de ces infâmes principes que, pendant mille ans de la monarchie française, les sciences restèrent au néant et les hommes dans l'esclavage ; que le génie et la raison étaient éloignés du pouvoir, et que la nation était gouvernée souvent par la folie et la bêtise.

La République, c'est le siège lumineux et protecteur de la démocratie, rendant l'échelle du pouvoir suprème accessible à toutes les célébrités populaires, sans distinction de classe ni de naissance , formant une colonne de l'élite des hommes du peuple, chargés de dicter et de discuter les lois dans l'intérêt de tous et pour le bonheur de tous ; favorisant le développement des sciences et des arts. cherchant dans la tombe des mystères les moyens d'améliorer le sort des classes de la société ; protégeant, par l'organisation de la force publique et l'empire des lois, la propriété, la famille et la foi sacrée de la liberté des cultes ; règlant l'impôt de l'état sur une échelle proportionnelle pour tous les contribuables, dans les limites de leurs ressources et de leur fortune, sans exception des biens de noblesse et de clergé ; laissant à l'industrie et à l'agriculture les justes produits de leurs travaux, sans pressuration de redevances et de dîme sur les malheureux habitants des campagnes.

Or donc, entre ces deux grands principes gouvernementaux il n'y a pas possibilité de s'y tromper.

La République, c'est la démocratie; la démocratie, c'est le symbole du droit de tous et de l'humanité. La royauté, c'est l'aristocratie pur sang ; l'aristocratie, c'est l'absolutisme sans transaction, c'est le privilège de quelques-uns au détriment de tous, et c'est, enfin, l'arbitraire et la barbarie.

Honte éternelle à celui qui trahit la République, sa mère patrie ! ! qu'il soit jugé comme barbare et transporté chez les Incas !

Habitants des campagnes, intéressante jeunesse, interrogez vos pères, et vous apprendrez qu'il y a à peine soixante ans que vous étiez encore sous le joug de la féodalité, qui disposait de vos biens, de vos travaux et même de l'honneur de vos fiancées et de vos femmes ; qu'à la moindre légèreté de la part de vos femmes et de vos filles en présence de votre bon pasteur, il les excommuniait ; que vos pères ne connaissait ni bottes, ni souliers, pour ainsi dire ; que les habits de beau drap noir que vous portez aujourd'hui n'étaient pas même endossés par M. votre Maire.

Eh bien ! à qui devez-vous l'affranchissement de toutes ces misères ? A la République de 89, quoiqu'on vous en dise pour vous intimider; citoyens, ouvrez les yeux et défendez vos droits !

A cet effet, méfiez-vous de quelques personnages intéressés à reconquérir les anciens préjugés, qui osent encore vous dire que la République est un règne d'anarchie et de troubles; mais, sachez-le bien, que tous les désordres qui peuvent surgir au milieu d'une République sont les fruits de l'œuvre de l'aristocratie, œuvre infâme, que nous devons savoir déjouer.

La République franchement acceptée dans son ensemble naturel, ne peut être qu'un règne d'ordre et de prospérité. Inspirée par l'empire de lois sages, œuvre sublime, tracée par la main de ses enfants , elle sera dans les temps futurs ce qu'elle fut dans les temps jadis : l'étoile des grandes illustrations du monde civilisé.

Or, pour nous convaincre, ainsi que nos adversaires, de la vérité de faits aussi éclatants, ouvrons donc les registres de la postérité, et voyons ce qu'elle nons apprendra des républiques anciennes et modernes.

République de Grèce.

La République de la Grèce, quoique d'une origine très-ancienne, qu'il nous soit permis de résumer en quelques lignes cette illustration si glorieuse.

Et certes, ce ne sera pas sans éprouver un vif intérêt pour le principe que le lecteur apprendra de la voix de l'histoire que les républiques d'Athènes et de Lacédémone, quoique ravagées par des ambitions monarchiques, firent, en quelques siècles, par leurs nobles travaux, d'un pays désert des cités admirables, qu'elles couvrirent de monuments sublimes de la plus riche magnificence, par la splendeur des beaux-arts réunis, dont l'histoire nous a transmis les riches principes qui servent encore de guide dans l'architecture de nos jours, qui se trouvent dans l'ordre : le *Dorique*, l'*Ionique* et le *Corinthien*, et qui, d'un peuple de sauvages et d'esclaves, par la sagesse des lois, en firent un peuple-modèle de l'antiquité, duquel naquirent des célébrités qui s'illustrèrent jusqu'au rang de demi-dieux; desquels le monde civilisé de no-

tre siècle s'abreuve encore de leurs lumières et de leurs vertus, dans l'étude de leurs sciences. Qu'il nous soit donc permis d'en citer quelques-uns pour exemple, car le nombre to-
tal est trop grand.

Ainsi nous citerons :

1° Comme législateurs : Lycurgue, Solon et Aristide.
2°   «   Poëtes : Homère, Théocrite et Anacréon.
3°   «   Philosophes : Platon, Socrate et Épicure.
4°   «   Les sages : Thalès, Pittacus et Chilon.
5°   «   Mathématiciens : Archimède et Euclide.
6°   «   Médecins : Hippocrate, Gallien et Arétée.
7°   «   Orateurs : Démosthènes, Isocrate et Lysias.
8°   «   Historiens : Hérodote, Diodore et Plutarque.
9°   «   Peintres : Apolodore, Appelles et Prothogène.
10°   «   Sculpteurs : Phidias, Miron et Lysipe.

Lecteurs, arrêtez pour quelques instants vos regards sur
ce tableau d'illustrations immortelles. Tous ces noms sont
sensibles à votre oreille ; ils sont dans la bouche du monde,
dans les livres classiques et dans l'histoire ; ils ne sont point
empruntés, ni fabuleux ; ce sont des vertus personnifiées et
immortelles, qui passent de siècles en siècles dans l'âme de
vos enfants.

Eh bien, tous ces champions sont extraits de la pépinière
des savants immortels, qui sont nés sous le règne de la République de Grèce, mille ans avant le Christ, pendant que tous
les autres peuples de l'univers, enchaînés sous le joug des-
potique des rois, croupissaient dans la plus affreuse ignorance.

Lecteurs, abreuvez-vous quelquefois de ces nobles inspirations ; votre âme sera vivifiée, votre conscience sera forte,
et vous pourrez juger de ce que valent une République et une
monarchie.

2me PARTIE DU 8me CHAPITRE.

La République de Rome (750 ans avant J. C.) fut célèbre
par un grand nombre de héros qui s'illustrèrent dans les
combats, par des actes héroïques, et d'une vertu très-

austère.; à tel point, que l'on peut citer la république de Rome comme la rivale de la république grecque. Ainsi, toutes les deux ont laissé dans les registres sacrés de la postérité un nombre à peu près égal de noms des grands hommes qui se sont illustrés par leurs talents et leurs vertus; car, dans la comparaison qu'en fait l'illustre Plutarque, il restait indécis à prononcer l'avantage; cependant, suivant quelques historiens, il l'accorda aux Romains.

Quant à nous, tout en respectant le jugement du grand Plutarque, s'il nous était permis de placer le nôtre à côté du sien, il serait en sens contraire; mais Dieu nous garde de poser un jugement; faisons seulement nos observations sur ces deux grandes républiques de l'antiquité. Voici donc notre arrêt :

Nous accordons avec empressement la gloire des armes et la pureté des vertus aux héros romains sur les Grecs; mais de cette gloire des armes, de ces carnages et de ces désastres portés chez vingt peuples de l'univers, qu'est-il resté pour la république romaine, après le terme prononcé par Dieu ? -- Rien pour le bonheur de la nation, si ce n'est une page de gloire militaire, écrite aux registres de la postérité. Ainsi voici les faits : les Romains, d'un côté; c'eux-là ont donné tout leur temps et leurs sciences à combattre tous les peuples de l'Europe et de l'Asie; ils ont pris des butins qu'on leur a repris. Voici le résultat de la guerre de conquêtes.

Mais les Grecs, plus sages que les Romains, cherchaient leur bonheur dans les entrailles de la terre, méprisaient les grandes fortunes d'autrui, bannissaient de chez eux le luxe et la vanité pour donner tout leur temps aux recherches des sciences utiles, aux belles constructions et au développement des arts. C'était-là leur principale gloire, leur bonheur et leurs délices, dont ils jouissaient paisiblement dans ces riches contrées, sous un beau ciel d'azur, toujours radieux.

Ils ont légué les fruits de tant d'illustres travaux aux peuples des siècles présents et à venir.

Ah ! devant tant de talents et de vertus l'univers s'incline? O nobles héros de la Grèce, recevez mes hommages !!

Mais, néanmoins, pour l'honneur de la république romaine, citons de ses héros les plus vertueux :

1° Manlius, dit Torquatus. Grand capitaine, sévère observateur de la discipline ; il fit trancher la tête à son fils pour avoir désobéi à ses ordres, et fut témoin de son supplice ;

2° Quintus Cincinatus. De laboureur il devient un sage dictateur et un vaillant général.

3° Curius. Dictateur et général très-distingué, d'un désintéressement sans exemple, méprisant le luxe et la fortune, satisfait de commander à ceux qui en possédaient.

4° Brutus. Républicain avant tout, il fit mourir ses fils sous ses yeux pour avoir conspiré contre la république.

5° Régulus. Guerrier modèle et d'une bravoure sans égale, il porta sa tête aux Africains pour tenir sa parole ;

6° Pompée et les Scipions furent des guerriers sublimes, d'une âme très-élévée ; ils combatirent jusqu'à la dernière goutte de leur sang César et tous les traitres de la république romaine.

3ᵐᵉ PARTIE DU 8ᵐᵉ CHAPITRE.

République Française (15 mai 1789).

La République française, dont les évènements ont commencé à la date ci-dessus, a été depuis ce temps-là présentée aux regards du peuple comme un règne de terreur et d'infamie, de nature à ébranler les consciences les plus fermes. On a voulu surtout, à dessein, en faire un épouvantail aux classes ignorantes, en faisant peser avec précaution sur la tête du peuple proprement dit tous les malheurs qui s'en sont suivis.

Il nous importe donc, dans la circonstance actuelle, d'établir les faits pour rendre la vérité à son grand jour, et rendre justice à chacun sans partialité, en laissant à chacun la responsabilité de ses actes, en déchirant un voile que l'on a laissé sur des événements, d'un côté sublimes, et de l'autre déplorables. Eh bien ! qu'il nous soit permis d'en faire un simple résumé dans l'intérêt de l'esprit moral, n'on pas pour ceux qui conaissent l'histoire, mais bien pour ceux qui ne la connaissent pas.

Voici les faits :

Quelle fut la cause de la révolution de cette époque ? ce

fut la ruine du trésor public. Le roi Louis XVI, après avoir épuisé l'impuissance de plusieurs ministres pour relever la dette publique, fut obligé de rappeler aux finances le sage Nécker. Ce dernier essaya, de nouveau, plusieurs moyens sans résultats à cet effet. Alors le roi convoqua tous les notables de la nation, leur exposa la situation des choses, et leur proposa l'application d'un impôt territorial sans exemption de leurs biens. Ils refusèrent. Dans cette situation, Nécker décida, de par le roi, la convocation des états-généraux, et fit introduire dans cette assemblée autant de députés pour représenter le tiers-état que pour les deux ordres du clergé et de la noblesse.

Ainsi, ce fut un fait accompli, et l'assemblée des députés des états-généraux eut lieu le 15 mai 1789.

Eh bien ! qu'arriva-t-il à cette assemblée ? De la part des députés du tiers-état, toutes les propositions pour arriver à bien, toutes les transactions possibles furent faites à la noblesse et au clergé, sans qu'ils voulussent en accepter aucune, objectant avec arrogance que leurs biens étaient francs et qu'ils ne devaient point d'impôts.

Dans cette circonstance difficile, le roi, irrésolu, céda aux observations de la noblesse et du clergé en passant de leur côté.

Dès lors le gant fut jeté, et le combat engagé de par le peuple contre le pouvoir, la noblesse et le clergé. Et après plusieurs combats parlementaires, le roi, voulant refouler le peuple, en appela aux armes. Mais le peuple, fort et courageux, inspiré par la bourgeoisie, s'armant de toutes choses, enleva d'assaut la royauté, la noblesse et le clergé.

Les combats furent acharnés, et dès ce jour le sang coula. Il y a eu des nombreuses victimes, dites-vous ? cela est vrai. Mais, si le peuple avait succombé dans ces malheureux engagements, qu'auraient fait la noblesse et le clergé ? Dieu seul le sait. Mais, pour notre compte, à nous, nous sommes fondés à croire que ces journées auraient suffi pour effacer celle de la saint-Barthélemy ; et, d'un autre côté, nous devons faire observer que ces malheurs sont toujours les conséquences de tous les événements politiques qui rencontrent de la résistance.

Mais, du reste, que l'on soit bien convaincu que le nombre des victimes sous la révolution est bien loin d'atteindre celui des victimes de la cour et de la noblesse,

Or, maintenant que nous avons développé les circonstan-ces et les malheurs, examinons justement à qui apparte-naient les torts, car les faits et l'histoire sont là des témoins irrécusables.

Eh bien ! de la part de la noblesse et du clergé n'y avait-il pas dans leur obstination abusive injustice envers le peuple et ingratitude pour leur souverain ? Hélas, en ce moment l'heure était sonnée. Entrainés par un égoïsme aveugle, une main invisible devait les frapper, et le peuple leur fit justice de tant d'iniquités, ainsi que le leur avait prédit le sage ar-chevêque de Vienne (Isère), Monseigneur de Pompignan, lors-qu'il dit en assemblée ces sublimes paroles : — « seigneurs « et clergé, l'état est obéré ; nous devons contribuer à son « relèvement ; votre refus pourrait ouvrir une porte que vous « ne verriez pas fermer. »

Eh bien ! comme vous l'avez vu, ces paroles ont eu leur pleine exécution : les malheureux entraînèrent dans leur perte Louis XVI et bon nombre de malheureuses victimes que nous déplorons plus qu'eux.

Mais ce n'est pas tout : reste encore une question très-importante, c'est celle du peuple. Comme nous l'avons en-tendu dire souvent dans le monde, le peuple s'est livré à des excès de fureur.

Eh bien ! nous répondrons à ces imputations aussi injustes que calomnieuses de la part de quelques personnes toujours assez habiles pour se couvrir en découvrant les autres. Le peuple proprement dit, qu'était-il en cette circonstance, et quel rôle jouait-il ? Il était ce qu'il est encore, et ce qu'il sera toujours : un être inoffensif par lui-même, l'instrument facile des machinations politiques, dont se sert la haute bourgeoisie pour satisfaire à ses ambitions, et puis, le refou-lant dédaigneusement dans sa sphère, l'accable encore de mépris ; cela est injuste ! Calomniateurs, suspendez votre œuvre envers le peuple, quelle que soit votre position dans le monde ! (Il faut être noble ou clergé pour manier cette arme). Souvenez-vous que le peuple a bravement fait son devoir en cette circonstance ; il a défendu ses droits et les vôtres, il a vaincu trois ennemis puissants dans l'intérieur, ayant l'Europe sur le dos ; il vous a servi d'égide devant tous les dangers ; il a sauvé vos biens, votre vie et vos libertés ; et c'est pour prix de tels services que vous lui jetez l'injure à la face ! Honte à vous tous, calomniateurs opulents ! Gloire au peuple de 89 !

Tournez vos regards sur le passé, et souvenez-vous bien que, sans le peuple, vous seriez restés dans la boue ; sauvenez-vous aussi que, sans lui, la plupart de vos pères seraient morts sans tête.

Ainsi, qu'il soit donc bien compris que, dans tous les événements politiques, le peuple n'est qne l'instrument secondaire, et qu'il est, par conséquent, l'être innocent, une brebis docile de laquelle on tire toutes les substances profitables avant que de la livrer à la boucherie, tandis que la plupart des bergers ne mériteraient d'elle que *sa l'haine* !!...

4me PARTIE DU 8me CHAPITRE.

Classes labourieuses, rassurez-vous, pour vous désormais plus de guerres civiles, plus de massacres dans les rues avec vos frères et vos enfants militaires !

La révolution de février 1848 vous a légué une arme entre les mains, plus terrible et plus puissante que toutes celles qui vous avaient si bien servi jusqu'à ce jour. Vous ne serez donc plus exposées aux reproches injustes dont on vous accablait, et que nous venons de combattre pour l'honneur de votre rang dans la société. Non, vous n'aurez plus de combats fratricides à redouter, si ce n'est celui où nous devrions tous perdre la vie plutôt que de nous laisser arracher cette arme puissante : le vote universel. Car, avec cette arme presque invisible, souvenez-vous-en bien, on tue le plus audacieux gouvernant, sans faire couler du sang, et voici là merveille de l'invention !

Dès lors, pour vous plus de colère, plus de vengeance, plus de manifestation bruyante et plus de provocations absurdes.

Reprenez votre air serein et calme, qui convient si bien au modeste prolétaire. Etudions-nous tous à faire de la politique sage et modérée; inclinons-nous résolument devant la puissance de la majorité, tout en respectant nos limites, puisque toutes les améliorations possibles doivent nous venir d'elle, sans aucune secousse déplorable.

Qui donc de nous aurait le droit de faire prévaloir sa volonté contre le vœu de la majorité ? Cela ne pourrait être que par la violence, or, la violence serait un crime, qui, comme tous les autres, serait suivi d'une juste réprobation. Du reste, un tel moyen de procéder avilirait notre civilisation et notre république, et ce serait, au fond, l'état de barbarie.

Restons donc bien pénétrés de ce sentiment : que la république, ainsi que la religion, ces deux grands principes de moralité, ne peuvent être imposés à un peuple civilisé par la violence ; que leur puissance morale ne peut être imprimée dans l'esprit de la société tout entière que par la persuasion des bons principes ; et que le seul moyen qui peut nous conduire à cet heureux résultat, c'est le respect que les castes de la société se doivent réciproquement, restant chacun dans sa sphère, en observant rigoureusement cette sage maxime : « Ne fais à autrui que ce que tu voudrais qui te fût fait à toi-même. »

Ainsi, qu'il soit donc bien compris dorénavant que le gouvernement républicain, pour être grand et durable, doit protéger toutes les classes de la société sans aucune distinction ; que l'opinion est personnelle, quelle que soit sa nuance, et que le champ de la discussion doit être libre pour tous les partis et en tous lieux ; attendu que, sans la libre discussion, les lumières restent toujours imparfaites ; car c'est toujours des flots brisés de la discussion que ressort la pleine vérité des faits.

En conséquence, il appartient désormais aux classes laborieuses de rendre la république prospère et agréable aux yeux de toute la société en évitant partout les scènes bruyantes et scandaleuses, qui n'ont d'autres résultats que de porter l'effroi au sein de la fortune toujours tremblante. Classes laborieuses, il faut donc, par la gravité de votre caractère dans toutes les circonstances, rassurer cette timide fortune, en apprenant à ses possesseurs que les honnêtes travailleurs ne veulent que les améliorations possibles, sans user de spoliation envers les choses acquises.

Il faut aussi, comme par le passé, que vous conserviez le respect dû aux personnes qui, par leurs antécédents, ont bien mérité, et se sont fait une position dans le monde ; car, pour être respecté, il faut d'abord respecter autrui. Rappelez-vous bien qu'il n'en coûte guère, et que, du reste, cette politesse n'arrache rien de vos droits.

Dans les réunions politiques ne repoussez jamais ceux que vous soupçonnez vos adversaires ; au contraire, il faut les attirer autant que possible dans votre camp, les captiver par vos bons procédés, et tâcher de les persuader de la valeur de vos idées et de vos principes, tout en restant en garde contre leurs tendances.

C'est ainsi que Henri IV désarma ses ennemis affamés en leur envoyant du pain.

Classes laborieuses, croyez en cet avis sincère, seul moyen de réconcilier la fortune avec le travail, de rendre l'industrie florissante et le peuple français digne de ses institutions républicaines.

Par cette ligne de conduite, vous forcerez moralement vos gouvernants à descendre de l'extrémité de l'échelle gouvernementale où ils sont placés, pour observer vos besoinsde plus près ; car l'on serait fondé à croire que nos fiers diplomates se sont gravement mépris sur la nature du peuple. Ils ont cru que le peuple était un tigre, et ce n'est qu'un agneau, mais, moins savants que le naturaliste, ils n'ont pas su prévenir la faim de l'animal, et s'en sont séparés par une barrière d'un million de baïonnettes.

Espérons donc que, Dieu nous aidant dans notre entreprise, et que nos gouvernants appréciant mieux le caractère et les besoins du peuple, prendront en considération quelques-uns de nos projets d'organisation sociale.

Alors, le peuple, reconnaissant du peu que l'on ferait pour son bonheur, laisserait dans l'isolément toutes les ambitions politiques, pour ne s'occuper que du bonheur de la famille, et, dès ce moment, cesseraient pour toujours les craquements de l'édifice social.

FIN.

TABLE

Des chapitres et des matières contenues dans cet ouvrages.

FIN DE LA TABLE.